KAI XIN JU

开新局

张占斌◎主编

·北京·

国家行政管理出版社

图书在版编目（CIP）数据

开新局／张占斌主编．—北京：国家行政管理出版社，2021.1（2021.7 重印）

ISBN 978-7-5150-2509-4

Ⅰ.①开… Ⅱ.①张… Ⅲ.①国民经济计划-五年计划-研究-中国-2021—2035 Ⅳ.①F123.3

中国版本图书馆 CIP 数据核字（2020）第 248864 号

书　　　名	开新局
	KAI XIN JU
主　　　编	张占斌
责任编辑	刘韫劼
出版发行	国家行政管理出版社
	（北京市海淀区长春桥 6 号　100089）
综 合 办	（010）68928903
发 行 部	（010）68922366　68928870
经　　　销	新华书店
印　　　刷	北京盛通印刷股份有限公司
版　　　次	2021 年 1 月北京第 1 版
印　　　次	2021 年 7 月北京第 2 次印刷
开　　　本	170 毫米×240 毫米　16 开
印　　　张	15.5
字　　　数	201 千字
定　　　价	58.00 元

本书如有印装问题，可联系调换，联系电话：（010）68929022

开启社会主义现代化强国建设的新征程

　　党的十九届五中全会（以下简称"全会"）审议通过了《中共中央关于制定国民经济和社会发展第十四个五年规划和二〇三五年远景目标的建议》（以下简称《建议》），对"十四五"时期经济社会发展作出全面部署，提出了到 2035 年基本实现社会主义现代化远景目标，这意味着在决胜全面建成小康社会之后，将开启全面建设社会主义现代化国家新征程，这也意味着我们迎来了一个全面建设社会主义现代化强国新征程。站在"两个一百年"的历史交汇点上，我们感受到了新时代新发展阶段的光荣与梦想。

　　新发展成就奠定了开启新征程坚实步伐。全会高度评价决胜全面建成小康社会取得的决定性成就，认为"十三五"时期我国全面深化改革取得重大突破，全面依法治国取得重大进展，全面从严治党取得重大成果，国家治理体系和治理能力现代化加快推进，党的领导和社会主义制度优势进一步彰显。我国的经济实力、科技实力、综合国力跃上新的大台阶，预计 2020 年国内生产总值

突破一百万亿元。脱贫攻坚成果举世瞩目，5575 万农村贫困人口实现脱贫。建成世界上最大规模的社会保障体系，人民生活水平显著提高。全面建成小康社会胜利在望，中华民族伟大复兴向前迈进了新的一步。这些成就来之不易，激励党和人民继续前行开启新征程。

新发展阶段揭示了我国所处历史新方位。在全会提出"四个全面"的战略布局中，第一个"全面"由之前的"全面建成小康社会"变为"全面建设社会主义现代化国家"，标志着我国即将迈入全面建设社会主义现代化国家的新发展阶段，开启第二个百年奋斗目标的新征程。新发展阶段的提出，表明我国即将胜利完成全面建成小康社会发展阶段的历史任务，进入基本实现社会主义现代化和建设社会主义现代化强国的新阶段，进入坚持和完善中国特色社会主义制度、推进国家治理体系和治理能力现代化的关键期，进入开启第二个百年奋斗目标即中华民族伟大复兴的新征程。我们所处如此重要的历史方位，更感到责任重大、使命光荣。"十四五"时期是新发展阶段的起步期，必须走出负责任、有担当的大党大国的气派来，为未来 15 年乃至 30 年，奠好基、开好局。

新发展理念提供了高质量发展方向引领。党的十九大把"坚持新发展理念"作为新时代坚持和发展中国特色社会主义的基本方略之一。新发展理念坚持问题导向、回应社会关切，深刻回答了新时代中国实现什么样的发展、怎样实现发展这个重大问题。全会强调坚定不移地贯彻落实新发展理念，强调创新在我国现代化建设全局中的核心地位。这是"十四五"时期我国用好重要战略机遇期，在国际竞争中赢得优势、赢得主动的重要法宝。"创新"发展强调科技创新，把科技自立自强作为国家发展战略支撑；"协调"发展注重区域重大战略，依托大都市群、大都市圈推进新型城镇化；"绿色"发展突出生产生活方式全面绿色转型，建设人与自然和谐共生的现代化；"开放"发展紧盯开拓合作共赢新局面，在更大范围、更宽领域、更深层次提升竞争优势；"共享"发展扎实推动共同富裕，不断增强人民群众获得感、幸福感、安全感，促进人的全面发展和社会全面进步。

新发展目标描绘了大国展现的宏伟蓝图。精彩更多体现在发展目标上，让人倍感振奋。在《建议》中提出了两个未来的发展目标，一个是"十四五"时期我国发展"六个新"的近期目标，也就是经济发展取得新成效，改革开放迈出新步伐，社会文明程度得到新提高，生态文明建设实现新进步，民生福祉达到新水平，国家治理效能得到新提升。近期目标充分考虑了我国当前的实际情况和发展潜力，基于发挥大国比较优势和后发优势，经过努力是能够实现的，它是实现2035年远景目标的基础。还有一个就是到2035年"九个方面"的远景目标。远景目标规划了国家基本实现社会主义现代化的壮丽景象，关键核心技术实现重大突破，进入创新型国家前列，建成现代化经济体系，生态环境根本好转，人均国民生产总值达到中等发达国家水平，人的全面发展、全体人民共同富裕取得更为明显的实质性进展。这些重要的、肯定性的提法将进一步激发党和人民的奋斗激情，更加增强了我们对中国特色社会主义事业发展的自信。

新发展环境呈现了国内国外的深刻变化。我国发展面临的国

内外环境正在发生深刻复杂变化。从国际看，世界百年未有之大变局进入加速演变期，一些国家保护主义、单边主义上升，世界经济进入经济下行期，国际经济、科技、文化、安全、政治等格局发生深刻调整，不确定性、不稳定性明显增加，世界进入动荡变革期。新冠肺炎疫情大流行影响广泛深远，经济全球化遭遇逆流，中国发展的外部环境日趋错综复杂。从国内看，我国社会主要矛盾发生变化，经济转向高质量发展阶段，继续发展面临不少困难和挑战。发展不平衡不充分问题仍然突出，人民日益增长的美好生活需要日益迫切。重点领域关键环节改革任务艰巨，创新能力欠缺，科技急需自立自强，粮食安全还需加强，城乡区域发展和收入分配差距较大，生态环保、民生保障、社会治理等领域还需要补短板。我们既不骄横自大，也不妄自菲薄。要深刻认识我国社会主要矛盾变化带来的新特征新要求，深刻认识错综复杂的国际环境带来的新矛盾新挑战，增强机遇意识和风险意识，立足社会主义初级阶段基本国情，保持理性思维和战略定力，善于在危机中育先机、于变局中开新局。

新发展机遇表达了未来形势的战略研判。当前和今后一个时期，我国发展仍然处于重要战略机遇期，但机遇和挑战都有新的发展变化。从国内来看，全面建成小康社会胜利在望，我国已转向高质量发展阶段，制度优势显著，治理效能提升，经济长期向好，物质基础雄厚，人力资源丰富，市场空间广阔，发展韧性强劲，社会大局稳定，继续发展具有多方面的大国优势和条件。从国际来看，新一轮科技革命和产业变革深入发展，国际力量对比深刻调整，和平与发展仍然是时代主题，人类命运共同体理念深入人心。西方的治理体制在疫情面前不堪重击，而中国的治理体系和治理能力在应对大灾害面前展现出巨大的活力和优越性，全球治理体系呈现出"东升西降"态势。要胸怀中华民族伟大复兴的战略全局和世界百年未有之大变局，科学把握我国发展重要战略机遇期的新变化新特征，持久发力，稳中求进，积小胜为大胜，把握好我国发展利益与全球利益的最大交集，以更大信心奋力推进实现中华民族伟大复兴的历史征程。

新发展格局提出了构建双循环战略举措。自2020年5月以来，特别是全国"两会"以来，习近平总书记在多个场合上强调，加快形成以国内大循环为主体，国内国际双循环相互促进的新发展格局。全会强调构建新发展格局，形成强大国内市场，畅通国内大循环，促进国内国际双循环。构建新发展格局，在《建议》中具有纲举目张的作用，是我们党对经济发展客观规律的正确把握和实践运用，这是主动作为，不是被动应对，是长期战略，不是权宜之计。新发展格局强调的是，国内国际双循环是相互促进，而不是国内经济的单循环，国内循环也是建立在国内统一大市场基础上的大循环，不能各自为政，不是每个地方都搞自我小循环，不能搞成省循环、市循环、县循环、乡循环。它构成了"十四五"规划的重要内容和突出特色，为展望2035年更长远的发展提供方向性引领。

新发展任务明确了近期目标和远景目标。全会锚定2035年远景目标，聚焦"十四五"时期发展规划，紧紧抓住突出问题和明显短板，提出多项战略性、创新性重要举措。加快发展现代产业体系，推动经济体系优化升级；形成强大国内市场，构建新发展

格局；全面深化改革，构建高水平社会主义市场经济体制；优先发展农业农村，全面推进乡村振兴；优化国土空间布局，推进区域协调发展和新型城镇化；繁荣发展文化事业和文化产业，提高国家文化软实力；推动绿色发展，促进人与自然和谐共生；实行高水平对外开放，开拓合作共赢新局面；改善人民生活品质，提高社会建设水平；统筹发展和安全，建设更高水平的平安中国；加快国防和军队现代化，实现富国和强军相统一。这些战略性、创新性举措，回应人民群众诉求和期盼，对于牢牢把握发展主动权、重塑竞争新优势，确保我国发展行稳致远具有重大意义。

新发展基石筑牢了国家总体安全观意识。发展是执政兴国的第一要务，保证国家安全是头等大事。统筹发展和安全，建设更高水平的平安中国，是顺应社会主要矛盾变化的长远战略，是防范化解各类风险挑战的制胜之道，为全面建设社会主义现代化国家奠定安全基石。国家安全体系构成，既包括政治安全、国土安全、军事安全等三项传统安全，又包括经济安全、文化安全、社会安全、科技安全、信息安全、生态安全、资源安全、核安全、生物安全等九项非传统安全，涉及方方面面。要实施国家安全战略，坚持总体国家安全观，加强国家安全体系和能力建设，确保国家经济安全，保障人民生命安全，维护社会稳定和安全，加快国防和军队现代化，筑牢国家安全屏障。

新发展保障强调了党对一切工作的领导。全会明确强调把"坚持党的全面领导"作为"十四五"经济社会发展必须遵循的首要原则，提出"为实现'十四五'规划和二〇三五年远景目标，必须坚持党的全面领导，充分调动一切积极因素，广泛团结一切可以团结的力量，形成推动发展的强大合力"。办好中国的事情关键在党，这是历史和人民的选择，具有充分的历史依据、理论依据、现实依据。坚持党的全面领导，必须加强党中央集中统一领导，坚持以人民为中心的发展思想，把"两个维护"落实到统筹推进"五位一体"总体布局和协调推进"四个全面"战略布局各方面，强化从严治党，提高党的建设质量，加强干部队伍建设，特别是年轻干部要强化"七种能力"建设，着力锻造适应新发展阶段要求的过硬能力，提高党领导贯彻新发展理念、构建新发展格局的能力和水平，为实现高质量发展和全面建设社会主义现代化提供根本保障。

张占斌

2021 年 1 月

CONTENTS **目录**

第一章 **新发展成就奠定了开启新征程坚实步伐**

第一节　决胜全面建成小康社会取得决定性成就　003

第二节　全面深化改革取得重大突破　009

PAGE 第三节　全面依法治国取得重大进展　012

001 第四节　全面从严治党取得重大成果　015

第五节　国家治理体系和治理能力现代化加快推进　020

第六节　党的领导和社会主义制度优势进一步彰显　027

第二章 **新发展阶段揭示了我国所处历史新方位**

第一节　"四个全面"战略布局新内涵新境界　033

第二节　坚持和完善中国特色社会主义制度　036

PAGE 第三节　深入推进国家治理体系和治理能力现代化　039

031 第四节　新发展阶段谋篇布局打造新优势　043

第五节　开启迈向第二个百年奋斗目标新征程　047

第三章	新发展理念提供了高质量发展方向引领	
	第一节　新发展理念贯穿发展全过程和各领域	053
	第二节　创新成为第一动力	057
PAGE 051	第三节　协调成为内生特点	060
	第四节　绿色成为普遍形态	063
	第五节　开放成为必由之路	066
	第六节　共享成为根本目的	069

第四章	新发展目标描绘了大国展现的宏伟蓝图	
	第一节　经济发展取得新成效	075
	第二节　改革开放迈出新步伐	079
	第三节　社会文明程度得到新提高	082
PAGE 073	第四节　生态文明建设实现新进步	085
	第五节　民生福祉达到新水平	090
	第六节　国家治理效能得到新提升	093
	第七节　全面把握2035年远景目标	095

第五章	新发展环境呈现了国内国外的深刻变化	
	第一节　深刻认识我国社会主要矛盾变化呈现的新特征	103
PAGE 101	第二节　科学研判错综复杂国际环境带来的新挑战	107
	第三节　系统评估新冠肺炎疫情形成的新压力	113
	第四节　在危机中育先机，于变局中开新局	116

第六章 | **新发展机遇表达了未来形势的战略研判**

PAGE **121**

第一节 准确把握我国发展重大战略机遇期   123

第二节 我国已转向高质量发展阶段   127

第三节 国际力量对比呈"东升西降"态势   131

第四节 新一轮科技革命和产业革命深入发展   136

第七章 | **新发展格局提出了构建双循环战略举措**

PAGE **141**

第一节 准确把握新发展格局科学内涵   143

第二节 正确认识构建新发展格局的重大意义   146

第三节 畅通国内大循环   149

第四节 促进国内国际双循环   152

第五节 加快培育完整内需体系   155

第八章 | **新发展任务明确了近期目标和远景目标**

PAGE **159**

第一节 推动经济体系优化升级   161

第二节 构建高水平社会主义市场经济体制   164

第三节 全面推进乡村振兴   169

第四节 推进区域协调发展和新型城镇化   174

第五节 促进人与自然和谐共生   179

第六节 开拓合作共赢新局面   182

第九章 **新发展基石筑牢了国家总体安全观意识**

PAGE
187

第一节　坚持总体国家安全观　　　　　　　　189

第二节　加强国家安全体系和能力建设　　　192

第三节　确保国家经济安全　　　　　　　　196

第四节　保障人民生命安全　　　　　　　　199

第五节　维护社会稳定和安全　　　　　　　204

第六节　加快国防和军队现代化　　　　　　207

第十章 **新发展保障强调了党对一切工作的领导**

PAGE
211

第一节　加强党中央集中统一领导是核心原则　213

第二节　坚持以人民为中心的发展思想是本质要求　217

第三节　提高党的建设质量是根本保证　　　221

第四节　加强干部队伍建设是重要手段　　　226

后　记　　　　　　　　　　　　　　　　233

第一章

新发展成就奠定了开启新征程坚实步伐

　　站在"两个一百年"奋斗目标的历史交汇点上，党的十九届五中全会胜利召开，面向社会公布《中共中央关于制定国民经济和社会发展第十四个五年规划和二〇三五年远景目标的建议》，举世关切，万众瞩目。"十三五"规划目标任务即将完成，全面建成小康社会胜利在望，新发展成就为全面建设社会主义现代化奠定了坚实基础。蓝图已绘就，扬帆待远航。社会主义中国正以更加雄伟矫健的身姿，昂首阔步迈向实现中华民族伟大复兴的新征程。

决胜全面建成小康社会取得决定性成就

改革开放以来，我们党团结带领全国各族人民励精图治，攻坚克难，解放思想，深化改革，狠抓发展第一要务，人民生活水平日益改善，综合国力日益增强，坚定不移地在朝着实现小康社会目标的道路上持续奋勇前行。特别是党的十八大以来，面对错综复杂的国际形势、艰巨繁重的国内改革发展稳定任务，尤其是面对新冠肺炎疫情严重冲击，以习近平同志为核心的党中央不忘初心、牢记使命，团结带领全党全国各族人民戮力同心、砥砺前行、开拓创新，奋发有为推进党和国家各项事业，经济建设、政治建设、文化建设、社会建设、生态文明建设成效明显，取得了决定性成就，为实现全面建成小康社会目标奠定了坚实基础。

第一，生产力水平进一步增强，经济实力大幅跃升。"十三五"以来，面对严峻复杂的国内外发展环境，各地区各部门认真贯彻落实党中央决策部署，坚持稳中求进工作总基调，坚持以供给侧结构性改革为主线，坚持深化改革开放，推动我国经济持续稳健前行。2019年，我国国内生产总值990 865亿元，预计2020年国内生产总值将突破百万亿元，稳居世界第二位；人均国内生产总值达到10 276美元，与高收入国家差距进一步缩小。始终把"三农"问题摆在首位，加快推进农业农村现代化，粮食生产能力不断提高，重要农产品供给得到有效保障，2016—2019年粮食产量连续5年稳定在6.5亿吨以上，2020年预计也将超过6.5亿吨。工业门类齐全，制造业增加值连续10年居世界首位。

2016—2019 年，我国对世界经济增长年均贡献率接近 30%，继续担当世界经济增长的火车头。

第二，经济结构调整升级不断优化，城乡区域协调发展呈现新格局。全国上下坚定不移贯彻新发展理念，大力转方式、调结构、促转型，稳步推进新型城镇化和乡村振兴，促进区域协调发展呈现新格局，经济结构不断优化。超大规模市场优势显现。2019 年，社会消费品零售总额首次突破 40 万亿元，达到 40.8 万亿元。2016—2019 年，最终消费支出对经济增长年均贡献率为 61.9%。产业结构优化升级。数字经济、平台经济蓬勃兴起，第三产业成为经济增长的"新引擎"。2020 年上半年，第三产业增加值占 GDP 比重为 56.5%，较 2015 年提高近 6.0 个百分点。重点领域投资持续较快增长。2019 年，规模以上高技术产业增加值占比为 14.4%，比 2012 年提高 5.0 个百分点；服务业增加值占国内生产总值比重为 53.9%，比 2015 年提高 3.1 个百分点。东中西和东北"四大板块"联动发展，京津冀协同发展、长江经济带发展、粤港澳大湾区建设、长三角一体化发展、黄河流域生态保护和高质量发展等重大区域协调发展战略加快落实。2019 年末，我国常住人口城镇化率升至 60.60%，比 2015 年提高 4.5 个百分点。

第三，基础设施日益完善，服务水平全面提升。各地区各部门持续加大惠民生增后劲的基础设施建设力度，我国基础设施规模继续扩大，技术水平不断提升，综合效益持续显现。交通建设突飞猛进。2019 年末，铁路营业总里程达 14 万公里，比 2015 年增长 15.7%，其中高速铁路营业里程突破 3.5 万公里，增长 78.4%，占世界高铁里程总量 60% 以上；高速公路里程达 15 万公里，比 2012 年末增长 55.5%。通信水平全面提升，全球最大的移动宽带网基本建成。2019 年末，固定互联网宽带接入用户 44 928 万户，比 2012 年末增长 1.6 倍；全年移动互联网用户接入流量 1220 亿千兆字节（GB）。能源水利基础保障作用增强。

2019 年，能源生产总量比 2012 年增长 13.1%；农田有效灌溉面积超过 10 亿亩；发电装机容量 20.1 亿千瓦，增长 31.8%。

第四，各项改革纵深推进，对外开放迎来新变化新机遇。"十三五"时期，改革呈现全面发力、多点突破、踔厉步稳、纵深推进的局面，若干领域实现了历史性变革、系统性重塑、整体性重构。坚定不移扩大对外开放，以"一带一路"建设、自由贸易试验区和自由贸易港建设为突破口，推动形成了陆海内外联动、东西双向互济的全方位对外开放新格局。《中华人民共和国外商投资法》出台实施，外商投资准入前国民待遇加负面清单管理制度全面实行，外商投资准入特别管理措施全国目录大幅减少。全国自由贸易试验区已建立 21 个，海南自由贸易港建设有序展开；2020 年 11 月 15 日，我国正式签署区域全面经济伙伴关系协定（RCEP），标志着当前世界上人口最多、经贸规模最大、最具发展潜力的自由贸易区正式启航。

第五，创新发展作用凸显，教育科技发展硕果累累。全国上下大力实施创新驱动发展战略，培育壮大新动能，加快发展新经济，大力发展教育，为全面建成小康社会提供了不竭动力。研发投入持续扩大。2019 年，我国研究与试验发展（R&D）经费支出比 2012 年增长 1.1 倍，研发经费投入强度为 2.23%，达到中等发达国家水平。新产业新业态新产品茁壮成长。2015—2019 年，战略性新兴产业增加值年均实际增长 10.4%。2019 年，实物商品网上零售额占社会消费品零售总额比重达 20.7%。世界知识产权组织报告显示，2019 年我国创新指数上升到世界第 14 位。教育科技发展硕果累累，我国在载人航天、探月工程、超级计算、量子通信、大飞机制造等基础和前沿领域取得一大批标志性成果。教育水平跃居世界中上行列。劳动年龄人口平均受教育年限由 2015 年的 10.23 年提高至 2019 年的 10.72 年。基础教育巩固发展，2019 年九年义务教育巩固率达 94.8%。高等教育进入普及化阶段，

2019 年高等教育毛入学率达到 48.1%。

第六，文化事业和文化产业繁荣发展，文化软实力不断提升。2019 年末，全国共有公共图书馆 3196 个、博物馆 5132 个，分别比 2015 年增加 57 个、1280 个。文化产业快速发展。2018 年，文化及相关产业增加值为 41 171 亿元，比 2015 年名义增长 51.2%。全民健身日益普及，体育事业持续进步。2019 年有近 4 亿人经常参加体育锻炼。竞技体育成绩斐然，2016—2019 年我国运动员共获得 459 个世界冠军。文化软实力不断提升，"欢乐春节""中国文化年（节）"等文化品牌活动遍及全球，中华文化影响力持续扩大。社会主义核心价值观得到广泛弘扬、深入人心，全党全社会思想上的团结统一更加巩固，国民素质和社会文明程度显著提高。

第七，基本公共服务持续推进，社会保障能力进一步增强。初步构建起覆盖全民的基本公共服务体系，民生保障能力和群众满意度进一步提高。健康中国建设扎实推进。2019 年末，全国卫生技术人员数比 2012 年末增长 52.1%。居民平均预期寿命由 2010 年的 74.8 岁提高到 2019 年的 77.3 岁。新冠肺炎疫情防控取得重大战略性成果，14 亿人民生命健康得到有效保障；建成世界上规模最大的社会保障体系，养老、医疗、失业、工伤、生育保险参保人数持续增加，目前基本医疗保险覆盖超过 13 亿人，基本养老保险覆盖近 10 亿人。保障性安居工程建设加快推进，住房供给保障体系逐步健全。2013—2019 年中央财政累计支持 733 万户建档立卡贫困户实施农村危房改造。2019 年，城镇居民、农村居民人均住房建筑面积分别达到 39.8、48.9 平方米。

第八，环境保护工作成效明显，生态文明建设呈现新气象。"十三五"时期，党和国家一以贯之践行绿水青山就是金山银山的理念，以最坚定的决心、最严格的制度、最有力的举措，持续以水、大气、土壤污染治理为重点实施污染防治攻坚战，推动我国生态环境保护发生历史性、转折性、全局性变化，努力打造青山常在、绿水长流、空气常新的宜居生态。绿色发展进程加快，能源消费结构不断优化。2019 年，单位国内生产总值能耗比 2012 年下降 24.6%。环境质量明显改善。2019 年，全国 337 个地级及以上城市空气质量优良天数比例为 82.0%；地表水质量达到或好于Ⅲ类水体比例为 74.9%，比 2015 年提高 8.9 个百分点。生态保护修复全面加强。2019 年底，全国共有国家级自然保护区 474 个。2019 年，完成造林面积 739 万公顷，比 2012 年增长 25.3%；年末森林覆盖率达到 22.96%。

第九，民主法治建设不断加强，国防和军队建设水平大幅提升。党的领导、人民当家作主、依法治国有机统一的制度建设全面加强。坚持党总揽全局、协调各方，加强党的全面领导，坚持全面从严治党，科学执政、民主执政、依法执政水平明显提高。截至 2019 年底，中国共产党党员总数达到 9 191.4 万名，党的基层组织共 468.1 万个。人民群众通过人民代表大会行使国家权力制度不断完善，社会主义协商民主优越性充分发挥，爱国统一战线更加巩固。科学立法、严格执法、公正司法、全民守法深入推进，宪法得到全面贯彻实施，十三届全国人大三次会议表决通过了《中华人民共和国民法典》。国防和军队建设水平大幅提升，军队组织形态实现重大变革。"十三五"时期，党和国家坚持政治建军、改革强军、科技强军、人才强军、依法治军，以前所未有的力度推进国防和军队现代化建设，着力推进领导指挥体制改革，着力推进规模结构和力量编成改革，推进军队组织形态现代化，着力推进军事政策制度改革，深入解决制约国防和军队建设的体制性障碍、结构性矛盾、政策性问题，开创了强军兴军新局面。

第十，社会保持和谐稳定，人民生活显著改善。"十三五"以来，在以习近平同志为核心的党中央坚强领导下，打赢重大风险防控战。有

序处置高风险金融机构风险，妥善化解地方政府存量隐性债务，稳步健全促进房地产市场健康发展长效机制，努力化解涉众型影响社会稳定的诸多风险，确保了社会稳定。打赢维护香港稳定和国家安全的法律战。以习近平同志为核心的党中央及时作出关于建立健全香港特别行政区维护国家安全的法律制度和执行机制的决定，制定出台《中华人民共和国香港特别行政区维护国家安全法》，有效维护了香港社会稳定和国家安全。持续3年发起扫黑除恶专项斗争强大攻势，打赢扫黑除恶专项斗争歼灭战，有力有效维护了社会稳定，得到了全社会和广大群众广泛认同；同时，更加注重发展成果由人民共享。积极扩就业增收入促消费，全力推进脱贫攻坚，取得明显成效。2013—2019年，我国城镇新增就业连续7年超过1300万人，"十三五"期间城镇新增就业超过6000万人。脱贫攻坚成就举世瞩目，绝对贫困现象即将消除。改革开放至今，中国有8亿多人口脱贫，占同期全球减贫人口总数的70%以上，创造了人类社会史无前例的发展奇迹。中国人类发展指数从1978年的0.410上升到2018年的0.758，是联合国发布该指数以来唯一从低人类发展水平跨越到高人类发展水平的国家。尤其是我国农村贫困人口从2012年末的9899万人减少到2019年末的551万人，贫困发生率从10.2%降至0.6%。2020年12月3日，习近平总书记在听取脱贫攻坚总结评估汇报时指出，我们如期完成了新时代脱贫攻坚目标任务，现行标准下农村贫困人口全部脱贫，贫困县全部摘帽。贫困人口吃、穿"两不愁"质量水平明显提升，义务教育、基本医疗、住房安全"三保障"突出问题总体解决，贫困群众收入水平大幅提高。居民收入稳步增长。2019年，居民人均可支配收入是30 733元，剔除价格因素后约为2010年的1.98倍，预计2020年底可以实现比2010年翻一番。2013—2019年，全国居民人均可支配收入年均实际增长7.1%，快于同期人均GDP年均增速。居民生活质量显著提升。吃穿用有余，家电全面普及，汽车快速进入寻常百姓家；2019 年，全国居民恩格尔系数降至 28.2%；居民消费较快增长，每百户家用汽车拥有量达 35.3 辆，比 2015 年增加 12.6 辆。旅游消费持续升温。2019 年，国内旅游人数达到 60.1 亿人次，比 2015 年增长 50.2%。

Sec. 2 第二节 全面深化改革取得重大突破

党的十八大以来，以习近平同志为核心的党中央，果断作出全面深化改革的重大战略决策，高举改革开放旗帜，稳步推进全面深化改革，坚持稳中求进工作总基调，迎难而上，开拓进取，坚决破除各方面体制机制弊端，推动我国社会生产力不断向前发展，推动实现物质的不断丰富和人的全面发展相统一，推动中国特色社会主义制度更加完善、国家治理体系和治理能力现代化水平明显提高。

第一，确立了全面深化改革的顶层设计。遵照党的十八届三中全会通过的《中共中央关于全面深化改革若干重大问题的决定》提出的完善和发展中国特色社会主义制度、推进国家治理体系和治理能力现代化这一全面深化改革的总目标，统筹推进经济体制、政治体制、文化体制、社会体制、生态文明体制和党的建设制度改革。紧紧围绕使市场在资源配置中起决定性作用深化经济体制改革，紧紧围绕坚持党的领导、人民当家作主、依法治国有机统一深化政治体制改革，紧紧围绕建设社会主义核心价值体系、社会主义文化强国深化文化体制改革，紧紧围绕更好保障和改善民生、促进社会公平正义深化社会体制改革，紧紧围绕建设美丽中国深化生态文明体制改革，紧紧围绕建设一支听党指挥、能

打胜仗、作风优良的人民军队这一党在新时代的强军目标深化国防和军队改革，紧紧围绕提高科学执政、民主执政、依法执政水平深化党的建设制度改革。

第二，出台了一系列全面深化改革的方案举措。以党的十八届三中全会和中央全面深化改革领导小组成立为标志，我国全面深化改革的恢宏大幕壮丽开启。习近平总书记亲自主持召开了 38 次中央全面深化改革领导小组会议，共审议、通过 350 多个重大改革方案，中央和国家有关部门共出台 1500 多项改革举措。2014 年，中央全面深化改革领导小组确定的 80 个重点改革任务基本完成，各方面共出台 370 个改革方案；2015 年，中央全面深化改革领导小组确定的 101 个重点改革任务基本完成，各方面共出台 415 个改革方案；2016 年，中央全面深化改革领导小组确定的 97 个重点改革任务基本完成，各方面共出台 419 个改革方案。党的十九大以来，中央全面深化改革领导小组审议了涉及多个领域的改革政策文件，其中，党的十八届三中全会提出的 60 条、336 项改革举措，推出的相关改革任务和举措，得以贯彻落实和逐步落地。

第三，全面深化改革取得了显著成效。党的十八届三中全会，对新时代全面深化改革作出顶层设计，在改革理论和政策上形成一系列新的重大突破，是新时代改革再出发的重要里程碑。党的十八届三中全会后，中央全面深化改革领导小组迅速成立，党的十九届三中全会后又改为中央全面深化改革委员会，习近平总书记亲自领导全面深化改革工作。从改革方案设计到具体实施，从总结改革试点经验到面上推广，从统一思想认识到准确把握改革的力度和时机，党中央都进行了认真缜密的研究和细致周全的组织。围绕使市场在资源配置中起决定性作用深化经济体制改革，如持续推进"放管服"改革，我国在世界银行开展的营商环境全球排名大幅提升，从 2015 年的第 84 位上升至第 31 位，连续两年跻身全球优化营商环境改善幅度最大的十大经济体；财税改革深入推进，减税降费等政策效应明显，2016 年至 2020 年上半年累计实现实际减税降费 6.78 万亿元，预计"十三五"期间实际减税降费规模将超过 7.78 万亿元；围绕坚持党的领导、人民当家作主、依法治国有机统一深化政治体制改革；围绕建设社会主义核心价值体系、社会主义文化强国深化文化体制改革；围绕更好保障和改善民生、促进社会公平正义深化社会体制改革；围绕建设美丽中国深化生态文明体制改革；围绕建设美丽中国深化生态文明体制改革等。目前，各项改革任务正在按计划进度陆续完成和扎实推进，主要领域改革主体框架基本确立，重点领域和关键环节改革取得突破性进展。全面深化改革的重大工作和重大成就，有力推动了全社会思想的进一步解放，有效破解了许多阻碍社会生产力解放和发展、阻碍人民群众创造活力充分发挥的体制机制障碍，有效激发了全社会发展活力和创造活力，有效增强了社会公平正义，有效调动了广大人民群众的积极性和创造性，极大解放和发展了社会生产力，推动了区域合作和发展创新。如"一带一路"建设、京津冀协同发展、长江经济带发展成效显著，天宫、蛟龙、天眼、悟空、墨子、大飞机等重大科技成果相继问世，南海岛礁建设积极推进。开放型经济新体制逐步健全，对外贸易、对外投资、外汇储备稳居世界前列，2016 年人民币正式加入了国际货币基金组织特别提款权（SDR）货币篮子，成为全球主要储备货币，全球 70 多家央行已将人民币纳入官方储备。人民群众的获得感得到进一步增强，经济社会发展呈现出持续健康的良好势头。全面深化改革成为当代中国最鲜明的特征，成为当代中国共产党人最鲜明的品格。通过全面深化改革，中国特色社会主义制度更加完善，国家治理体系和治理能力现代化水平明显提高，全社会发展活力和创新活力明显增强。

Sec. 3 第三节 全面依法治国取得重大进展

　　法治是实现国家长治久安的必由之路，我们党历来重视法治建设。"十三五"时期是全面建成小康社会的决胜阶段，以习近平同志为核心的党中央从坚持和发展中国特色社会主义的全局和战略高度定位法治、布局法治、厉行法治，坚持依法治国、依法执政、依法行政，推进法治国家、法治政府、法治社会一体建设，作出一系列重大决策部署，科学立法、严格执法、公正司法、全民守法统筹推进，法治中国建设取得新进展、开创新局面。

　　第一，明确了全面依法治国总目标，推进法治建设顶层设计。党的十八届四中全会提出，全面推进依法治国总目标是建设中国特色社会主义法治体系，建设社会主义法治国家。提出这个总目标，既明确了全面推进依法治国的性质和方向，又突出了全面推进依法治国的工作重点和总抓手。统筹推进加快形成完备的法律规范体系、高效的法治实施体系、严密的法治监督体系、有力的法治保障体系，加快形成完善的党内法规体系。目前这五大体系已呈现出相互促进、协调发展的良好态势。全面依法治国，是一项系统工程。习近平总书记亲自主持召开数次中央全面依法治国委员会会议，对法治中国建设作出新的重大部署，并审议通过了《中央全面依法治国委员会工作规则》《关于开展法治政府建设示范创建活动的意见》《关于全面推进海南法治建设、支持海南全面深化改革开放的意见》《中央全面依法治国委员会关于依法防控新型冠状病毒感染肺炎疫情、切实保障人民群众生命健康安全的意见》《关于深化司法责任制综合配套改革的意见》《关于加强法治乡村建设的意见》《行政复议体制改革方案》等一系列重要文件，深入推动全面依法治国，统筹推进依法治国、依法执政、依法行政，推进法治国家、法治政府、法治社会一体建设，创造性提出一系列全面依法治国新理念新思想新战略新部署，形成了习近平法治思想，为全面依法治国指明了正确方向、提供了根本遵循。

第二，党领导全面依法治国的制度和工作机制更加健全完善。坚持党总揽全局、协调各方的领导核心地位，把中国共产党领导是中国特色社会主义最本质的特征写入宪法，进一步强化党的领导的宪法权威。中央政治局常委会定期听取全国人大常委会、国务院、全国政协、最高人民法院、最高人民检察院党组工作汇报形成制度性安排，党领导立法、保证执法、支持司法、带头守法全面加强。健全完善党领导全面依法治国的制度机制，组建中央全面依法治国委员会，全面依法治国工作系统谋划、整体推进。

第三，全面依法治国实践取得重大进展。推进合宪性审查工作，宪法实施和监督全面加强。颁布实施民法典，推进重要领域法律法规立改废释，中国特色社会主义法律体系不断完善。深化"放管服"改革，推进综合行政执法改革，健全重大行政决策程序，开展法治政府建设示范创建和督察，法治政府建设全面提速。全面推开司法责任制改革，深入推进以审判为中心的刑事诉讼制度改革，依法纠正一批冤错案件，基本解决执行难，司法体制改革全面深化。坚持把社会主义核心价值观融入法治建设，全面推进"七五"普法规划，加快公共法律服务体系建设，全社会法治意识显著增强。坚持依法治国和依规治党有机统一，健全完善党内法规制度体系。

第四，法治保障改革发展稳定更加坚实有力。坚持依法防控疫情，保障和促进新冠肺炎疫情防控取得重大战略成果。坚持总体国家安全

观，制定《中华人民共和国国家情报法》《中华人民共和国反间谍法实施细则》，修改《中华人民共和国反恐怖主义法》，提升国家安全法治化水平。制定《中华人民共和国香港特别行政区维护国家安全法》，保障香港长期繁荣稳定和"一国两制"行稳致远。制定《中华人民共和国外商投资法》《优化营商环境条例》，持续优化市场化法治化国际化营商环境。坚持立法与改革相衔接，作出关于自由贸易试验区、行政审批制度改革等方面授权决定和改革决定，确保重大改革于法有据。健全防范化解重大金融风险相关法律制度，加强生态环境保护法治工作，推进法治乡村建设，为打赢"三大攻坚战"提供有力法治保障。制定《中华人民共和国疫苗管理法》《保障农民工工资支付条例》，加强食品药品执法司法，深化实化法治为民。推进平安中国建设，深入开展扫黑除恶专项斗争。创新发展依法治军理论和实践，不断完善中国特色军事法治体系。

第五，法治工作队伍建设取得新成效。加强立法工作队伍建设，组建市场监管、生态环境保护、文化市场、交通运输和农业五支综合执法队伍，全面推行法官检察官员额制和人民警察单独职务序列，法治专门队伍政治业务素质不断提升，纪律作风持续强化。全面加强律师行业党的建设，完善公职律师公司律师制度，发展公证员、司法鉴定人、仲裁员和人民调解员队伍，不断健全法律服务执业规范和执业保障制度。健全国家统一法律职业资格考试制度，坚持立德树人、德法兼修，加强法学教育和法学理论研究，培养造就一大批高素质法治人才及后备力量。

第六，开启法治中国建设新局面。法治中国的面貌发生深刻变革。从"法制"到"法治"，从"管理"到"治理"，从"有法可依、有法必依、执法必严、违法必究"到"科学立法、严格执法、公正司法、全民守法"等。科学立法步伐加快，质量不断提高。多部法律草案通过立法联系点向公众征求意见，问法于民，更接地气，为提高立法质量打牢了基础；以宪法为核心的中国特色社会主义法律体系不断完善，中国特色社会主义法治的制度基础不断夯实。法治政府建设深入推进、全面突破。制定《重大行政决策程序暂行条例》，省市县三级政府部门权力和责任清单均向社会公布，打造"宽进、快办、严管、便民、公开"的审批服务模式，用行政权力的"减法"换取市场活力的"乘法"，政府管理依法规范、有序运行。公正司法看得见、听得到。人民法院打造"一站式"多元解纷机制和诉讼服务中心，攻坚"基本解决执行难"，四级检察院同步完善实体、热线、网络三大平台，提供一站式服务，努力让人民群众在每一个司法案件中感受到公平正义。全民守法迈上新台阶。国家机关普法责任制普遍落实，各级党组织和国家机关集体学法已形成制度。以"关键少数"带头尊法学法守法用法，带动全民法治观念不断增强，全社会大普法格局正在加速形成。在党的领导下，我们开辟出一条法治文明进步的中国特色之路，全面依法治国呈现光明前景，法治中国正在舒展美好画卷。

Sec. 4 第四节　全面从严治党取得重大成果

党的十八大以来，以习近平同志为核心的党中央身体力行、率先垂范，坚持思想建党、组织建党和制度治党紧密结合，集中整饬党风，严厉惩治腐败，净化党内政治生态，不断推进党的自我革命，永葆党的先进性和纯洁性，推动党的建设迈向新台阶，为党和国家各项事业持续健康发展提供了坚强保障。全面从严治党取得了有目共睹的

卓著成绩。

第一，作风建设取得明显成效。通过持之以恒、常抓不懈地贯彻落实中央八项规定精神，干部作风发生根本转变，社会风气回归理性，八项规定落地生根、深入人心，党风政风焕然一新。驰而不息纠正"四风"问题，紧盯"四风"问题新形式新动向，坚决查处公款吃喝、旅游和送礼等问题。加强对中央关于厉行节约、公务接待、公车配备等规定执行情况的监督检查，立竿见影，真抓实干，整治效果深入人心。截至2019年12月31日，2019年全国共查处违反中央八项规定精神问题136 307起，处理人数194 124人，党纪政务处分124 723人。其中，2019年12月全国查处违反中央八项规定精神问题22 401起，处理人数31 038人，党纪政务处分20 870人。狠抓作风建设，始终坚持以人民为中心，高度重视群众的感受和评价，不断增强群众观念和群众感情，干群关系进一步密切。同时，不断制定完善相关法规制度，构建作风建设长效机制，巩固正风肃纪成效。如印发实施了《党政机关厉行节约反对浪费条例》《违规发放津贴补贴行为处分规定》《党政机关国内公务接待规定》《中央和国家机关会议费管理办法》等50多部法规制度，对公务接待、公务用车、会议活动、办公用房、差旅住宿等方面作出了系统、全面、细致的要求，通过立体式、全方位制度体系的不断建立健全，通过刚性约束、严格制度、强力监督、严厉惩戒等系列机制，切实遏制各种违规违纪现象，"四风"问题得到有效遏制，特别是奢靡之风和享乐主义得到一定程度的杜绝，人民群众获得感不断增强。

第二，反腐败斗争压倒性胜利更加巩固稳定。党的十八大以来，以习近平同志为核心的党中央以向人民负责、向历史负责的担当精神，以"壮士断腕""刮骨疗毒"的巨大决心和勇气，坚持以惩治求突破，有腐必反、有贪必肃，坚持无禁区、全覆盖、零容忍，"打虎""拍蝇""猎狐"步步为营，紧盯关键少数不放松，严肃查处了周永康、薄熙来、郭伯雄、徐才厚、孙政才、令计划、苏荣等严重违纪违法案件，在全社会影响震动很大，反腐败斗争取得压倒性胜利，深得广大百姓拥护。党的十九大以来，按照党中央部署，坚持靶向治疗、精确惩治，聚焦党的十八大以来着力查处的重点对象，紧盯事关发展全局和国家安全的重大工程、重点领域、关键岗位，反腐势头不减，进一步稳定巩固反腐败成果。有关资料显示，2019 年，全国纪检监察机关共接受信访举报 329.4 万件次，处置问题线索 170.5 万件，谈话函询 37.7 万件次，立案 61.9 万件，处分 58.7 万人（其中党纪处分 50.2 万人）。处分省部级干部 41 人，厅局级干部 0.4 万人，县处级干部 2.4 万人，乡科级干部 8.5 万人，一般干部 9.8 万人，农村、企业等其他人员 37.7 万人；2020 年 1—9 月，全国纪检监察机关共接收信访举报 237.1 万件次，处置问题线索 123.3 万件，谈话函询 26.7 万件次，立案 44.3 万件，处分 39 万人（其中党纪处分 33.7 万人）。处分省部级干部 18 人，厅局级干部 1989 人，县处级干部 1.4 万人，乡科级干部 5.4 万人，一般干部 6.3 万人，农村、企业等其他人员 25.6 万人；2014 年至 2020 年 6 月，共从 120 多个国家和地区追回外逃人员 7831 人，包括党员和国家工作人员 2075 人、"红通人员" 348 人、"百名红通人员" 60 人，追回赃款 196.54 亿元，有效削减了外逃人员存量。

第三，巡视"利剑"震慑作用进一步彰显。巡视，是全面从严治党的利剑，是党内监督的战略性制度安排。我们党历史上就吸收了传统文化中的监督方式，探索建立巡视制度。党的十八大以来，以习近平同志为核心的党中央着眼于严峻复杂的反腐败斗争形势，从坚持党的领导、加强党的建设和全面从严治党的大局出发，把巡视工作摆在更加突出的位置，重新明确巡视工作的定位，提出巡视方针。中央政治局常委会听取了每一轮的巡视汇报，中央政治局会议和中央政治局常委会议多次专题研究巡视工作，并在党的十八届六中全会上审议通过《关于新

形势下党内政治生活的若干准则》和《中国共产党党内监督条例》，把巡视工作上升到党内法规层面稳固下来，第一次提出在党委一届任期内实现巡视全覆盖，第一次提出中央和国家机关部门党组（党委）巡视工作，第一次提出市县巡察工作。各省（区、市）党委和各相关单位紧跟中央巡视步伐，实现区域内系统内巡视全覆盖，聚焦解决体制性障碍、机制性梗阻、政策性创新方面问题，通过巡视巡察发现问题症结、提出整改意见、倒逼深化改革、完善制度机制；积极推进建立市县巡察制度，打通党内监督"最后一公里"，紧盯民生热点难点，增强基层群众对全面从严治党的获得感，破解基层发展困境和难题，取得了很大成效。巡视工作坚持服务全面从严治党，发现问题、形成震慑，推动改革、促进发展，在加强党的领导、党的建设、反腐倡廉等方面发挥了有效作用，成为党内监督的亮丽名片，赢得了党心民心。

第四，党内教育进一步巩固强化。党的十八大以来，以习近平同志为核心的党中央以高度的政治担当和强烈的忧患意识，在全党先后开展了党的群众路线教育实践活动、"三严三实"专题教育、"两学一做"学习教育，并积极推进"两学一做"学习教育常态化制度化，推动党内教育逐渐从"关键少数"向广大党员拓展、从集中性教育向经常性教育延伸，形成了坚持不懈抓思想建设、持续深入改进作风的良好态势；引导党员和各级党组织牢固树立"四个意识"，严格党的组织生活，严格遵守党的政治纪律和政治规矩，把全面从严治党要求落实到每个支部、每名党员，做到对党忠诚、个人干净、敢于担当，切实把思想政治教育成效体现在为民务实清廉的具体行动上，体现在实际工作中。

第五，干部选拔任用监督机制进一步完善。党的十八大以来，习近平总书记提出"从严治党，关键是从严治吏"的重要论断，从明确新时期好干部标准入手，就从严选拔、从严教育、从严管理、从严监督干部提出了一系列新思想新要求新举措，为全面从严治党、从严治吏提供了强有力的思想武器。通过顶层设计，努力构建科学有效、简便易行的选人用人机制，修订印发了新的《党政领导干部选拔任用工作条例》，树立科学发展、以德为先、注重基层的用人导向；加强选人用人监督，对选人用人不正之风"零容忍"；印发了《关于加强干部选拔任用工作监督的意见》，把严格监督贯穿选人用人全过程，做到有规必依、执规必严、违规必究，营造风清气正的用人环境。陆续开展了突出问题专项整治，如深入推进领导干部个人有关事项报告制度等，强化对干部的日常管理监督；印发了《推进领导干部能上能下若干规定（试行）》，推进干部"能上能下"，对解决干部能上不能下问题作出制度规范。

第六，党规党纪严于国家法律的态势已经形成。党的十八大以来，面对党风廉政建设和反腐败斗争依然严峻复杂的形势，以习近平同志为核心的党中央始终将加强纪律建设作为全面从严治党的治本之策，以严明的纪律管全党治全党，把纪律立起来严起来，修订了《中国共产党纪律处分条例》，坚持纪严于法、纪在法前，实现纪法分开，坚决贯彻执行到位，为党的各项事业不断向前发展提供了坚强保障。在日常监督管理中，突出了政治纪律和政治规矩，强化监督执纪问责，使纪律成为带电的高压线；监督执纪"四种形态"常态化推进，党的纪律建设途径不断创新拓展。

第七，"不能腐"的制度体系逐步健全。党的十八大以来，坚持依规治党，加强党内法规制度建设顶层设计，努力把制度的笼子越扎越紧，集中制定或修订出台了一系列纪律检查领域的党内重要法规制度。如《关于加强中央纪委派驻机构建设的意见》《中国共产党纪律处分条例》《中国共产党问责条例》《中国共产党党内监督条例》《中国共产党纪律检查机关监督执纪工作规则（试行）》《中国共产党巡视工作条例》等，为依法依规开展纪检监察工作、实现反腐败工作常态化提供

了坚实的制度指引和保障。同时，党风廉政建设和全面从严治党主体责任进一步夯实，层层传导压力，建立责任清单，推动问责制度化、规范化、常态化。

经过全面从严治党的持续努力，党内正气在上升，党风在好转，社会风气在上扬。这些变化，是全面深刻的变化、影响深远的变化、鼓舞人心的变化，为党和国家事业发展积聚了强大正能量。这充分表明，党中央作出全面从严治党的战略抉择是完全正确的，是深得党心民心的。

Sec. 5
第五节 **国家治理体系和治理能力现代化加快推进**

国家治理体系和治理能力是一个国家制度和制度执行能力的集中体现，是构建整个国家和社会治理的坚实基础。国家治理体系是在党领导下管理国家的制度体系，包括经济、政治、文化、社会、生态文明和党的建设等各领域体制机制、法律法规安排，是一整套紧密相连、相互协调的国家制度；国家治理能力则是运用国家制度管理社会各方面事务的能力，包括改革发展稳定、内政外交国防、治党治国治军等各个方面。

第一，经过不断的探索、发展、完善，中国特色社会主义制度和国家治理体系积累了诸多明显优势。

党的十九届四中全会通过的《中共中央关于坚持和完善中国特色社会主义制度 推进国家治理体系和治理能力现代化若干重大问题的决定》（以下简称《决定》）指出："中国特色社会主义制度和国家治理

体系是以马克思主义为指导、植根中国大地、具有深厚中华文化根基、深得人民拥护的制度和治理体系，是具有强大生命力和巨大优越性的制度和治理体系，是能够持续推动拥有近十四亿人口大国进步和发展、确保拥有五千多年文明史的中华民族实现'两个一百年'奋斗目标进而实现伟大复兴的制度和治理体系。"《决定》将中国特色社会主义制度和国家治理体系的显著优势概括为 13 个方面：坚持党的集中统一领导，坚持党的科学理论，保持政治稳定，确保国家始终沿着社会主义方向前进的显著优势；坚持人民当家作主，发展人民民主，密切联系群众，紧紧依靠人民推动国家发展的显著优势；坚持全面依法治国，建设社会主义法治国家，切实保障社会公平正义和人民权利的显著优势；坚持全国一盘棋，调动各方面积极性，集中力量办大事的显著优势；坚持各民族一律平等，铸牢中华民族共同体意识，实现共同团结奋斗、共同繁荣发展的显著优势；坚持公有制为主体、多种所有制经济共同发展和按劳分配为主体、多种分配方式并存，把社会主义制度和市场经济有机结合起来，不断解放和发展社会生产力的显著优势；坚持共同的理想信念、价值理念、道德观念，弘扬中华优秀传统文化、革命文化、社会主义先进文化，促进全体人民在思想上精神上紧紧团结在一起的显著优势；坚持以人民为中心的发展思想，不断保障和改善民生、增进人民福祉，走共同富裕道路的显著优势；坚持改革创新、与时俱进，善于自我完善、自我发展，使社会充满生机活力的显著优势；坚持德才兼备、选贤任能，聚天下英才而用之，培养造就更多更优秀人才的显著优势；坚持党指挥枪，确保人民军队绝对忠诚于党和人民，有力保障国家主权、安全、发展利益的显著优势；坚持"一国两制"，保持香港、澳门长期繁荣稳定，促进祖国和平统一的显著优势；坚持独立自主和对外开放相统一，积极参与全球治理，为构建人类命运共同体不断作出贡献的显著优势。

　　以上 13 个方面的显著优势，涵盖广泛，十分厚重，是中国特色社

会主义本质特征的具体体现，也是几代中国共产党人把马克思主义基本原理同中国具体实际相结合，在治国理政中不懈探索奋斗的结晶，具有深厚的理论和实践支撑，是我们坚定中国特色社会主义道路自信、理论自信、制度自信、文化自信的基本依据。我国国家制度和国家治理体系对内具有强大的动员力、凝聚力，对外能够担当起应该担当的国际责任和义务，为促进人类和平发展贡献力量和智慧。

第二，在国家治理体系不断迈向现代化的发展进程中，国家治理能力现代化水平也随之不断提升，取得了许多重大成果。

一是中国人民在共同富裕道路上迈出坚实步伐。困扰中华民族千百年的绝对贫困问题将历史性地画上句号，书写了人类发展史上的伟大奇迹。全国人民过上宽裕殷实的生活，消除绝对贫困问题，是全面建成小康社会的最重要标志。自改革开放之初，我们党提出小康社会的战略构想以来，就始终坚持在发展中保障和改善民生，努力提高人民生活水平和质量，在推进幼有所育、学有所教、业有所就、劳有所得、病有所医、住有所居、弱有所扶等方面不断取得新进展、新成效。当今之中国，全体人民生活实现整体性跃升，基本生活品充裕，吃穿用有余，公共服务普遍享有。城乡人民安居乐业，住房面积持续大幅增加，城镇失业率长期保持在较低水平，覆盖全民的多层次社会保障体系基本建成，个人财产不断增多，中等收入群体规模持续扩大。

二是社会治理理念和实践不断创新发展，开拓了传统社会管理向现代社会治理转变的新境界。随着中国特色社会主义理论和实践的不断丰富发展，党的社会治理理念和实践也不断与时俱进、创新发展，包括关于社会主义本质的新论断，关于建设社会主义和谐社会的新论述，关于以人为本的科学发展新理念。特别是党的十八大以来，习近平总书记对社会治理的系统论述，更加突出以人民为中心、人民至上；更加突出党的领导和党领导下多元社会主体共同参与良性互动；更加突出民主法治，扩大人民民主，建设法治社会；更加突出系统治理、源头治理、综合治理，努力把我国制度优势更好转化为治理效能；更加重视中华传统优秀文化与现代社会文明的深入融合。这些重大新思想、新理念对社会治理体制创新、机制创新、制度创新、政策创新、工作创新和方式方法创新起到了引领、指导作用，有力推动了社会治理实践的全面加强和创新。

三是共建共治共享的社会治理制度逐步确立，社会治理现代化基础性制度不断改革创新。我们党领导的国家治理经过长期的探索和实践，逐步确立了共建共治共享的社会治理制度。这种社会治理制度把加强党的全面领导作为根本保证，把以人民为中心作为根本立场，把民主和法治作为根本方式，把活力和秩序相统一作为根本目标。这是符合当代中国国情、符合社会主义运行规律的科学制度。同时，按照发展社会主义市场经济的要求，不断深化社会领域基础性制度改革创新，基本构筑了符合当代中国国情的新型社会治理基础性制度。包括创新人口制度、户籍制度、就业制度、土地制度、教育制度、医疗卫生制度、社会保障制度、收入分配制度，各项制度建设不断完善。新型城镇化扎实推进，人口流动合理有序。户籍制度改革取得了积极进展和显著成效。城乡、性别、身份、行业等一切影响平等就业的制度障碍逐渐消除。农村新型经营制度逐步完善，土地管理制度改革不断深化，教育领域综合改革持续深化，现代医疗卫生制度逐步健全。尤其是全国城乡以党建为统领的基层治理制度不断健全，网格化服务管理制度普遍建立。各领域各层次社会治理基础制度创新发展，为加强和创新社会治理，持续推进社会治理现代化提供了重要保障。

四是全方位社会治理体系不断健全，为持续推进社会治理现代化奠定了坚实基础。多年来，围绕加强和创新社会治理，按照社会治理功能和内部联系，全面加强社会治理体系建设，逐步形成了党委领导、政府

负责、民主协商、社会协同、公众参与、法治保障、科技支撑的社会治理体系，向着建设人人有责、人人尽责、人人享有的社会治理共同体迈进。同时，各方面社会治理体系建设不断加强。社会组织体系、公共服务体系、公共安全体系、社会治安防控体系、应急管理体系、防灾减灾救灾体系、社会信用体系、社会心理服务体系等全方位推进。各方面社会治理体系的逐步建立，为维护社会秩序、提升社会文明程度发挥着重要作用。

五是国家治理能力水平明显提升，制度优势转化为治理效能增强。我国社会治理方式发生了深刻变革。改革开放后特别是党的十八大以来，着力创新社会治理方式，注重综合运用经济、法治、道德、教育、行政、科技等多种手段加强和创新社会治理，标本兼治。特别是广泛运用信息化手段，大力推行基层"互联网＋服务管理"，打造"智慧城市""智慧社区"，借助大数据技术和现代信息化技术，建设政务平台，致力于"让信息多跑路，让群众少跑腿"。到2019年底，全国一体化政务服务平台已经于31个省市区及新疆生产建设兵团和40余个国务院部门连接，形成了覆盖省市县三级互联平台，服务功能延伸到乡镇、街道、社区、村落的服务网。数字技术赋能社会治理，提高了城乡社会治理的水平和效能，使人民群众得到了更多的实惠。

六是平安中国建设取得重大进展，社会长期保持和谐稳定。"民以安为乐，国以安为兴。"当前我国社会安定有序，国泰民安。几十年来我国在创造世界罕见的经济快速发展奇迹的同时，也创造了整个社会长期稳定的奇迹。严重暴力犯罪案件连续10年呈下降趋势。特别是在当前国际乱局交织、局部冲突和动荡不断、个人极端事件频发的大背景下，能在国内快速社会变革和发展不断推进中保持总体稳定，可谓难能可贵。之所以能保持这样的良好局面，就在于我们党和国家历年来持续注重平安中国建设。逐步完善社会治安防控体系，织密治安防控的

"天罗地网"，严密防范和坚决打击暴力恐怖活动，依法开展扫黑除恶专项斗争，查处了一批疑难复杂大要案。逐步健全公共安全体制机制，提升维护公共安全实效。食品安全系统建立了严格的覆盖全过程的监管制度；安全生产管理建立了隐患排查治理体系和安全预防控制体系；构筑了隔离重大风险隐患的"防火墙"，防灾减灾救灾能力明显增强。逐步构建国家安全体制，把安全发展贯穿国家发展各领域和全过程。修订并贯彻新的《中华人民共和国国家安全法》，为国家安全和社会安全筑牢"铜墙铁壁"；建立了集中统一、高效权威的国家安全领导体制和维护国家安全制度。

第三，立足长远，把握时机，努力推动制度优势逐步转化为治理效能。制度是基础、是根本，是管全局、管长远、管方向的，国家治理就是通过各种方式和途径把制度落到实处，让其真正发挥作用。我国国家制度和治理体系具有诸多明显的优势，但是制度优势并不能简单地等同于治理效能，要把国家制度的优势转化为国家治理的效能，实现国家治理能力的现代化，需要立足长远，把握时机，根据国情和时代背景等因素精准施策，努力促进这些制度优势真正转化为治理效能，从而推动整个经济社会持续健康稳定发展。以坚持和完善中国特色社会主义制度、推进国家治理体系和治理能力现代化为主轴，在坚持好、巩固好已经建立起来并经过实践检验的根本制度、基本制度、重要制度的前提下，加快建立健全国家治理急需的制度、满足人民日益增长的美好生活需要必备的制度，促进各项改革相得益彰、发生"化学反应"，就能使各方面制度优势更充分发挥出来、更好转化为治理效能，为实现"两个一百年"奋斗目标、实现中华民族伟大复兴的中国梦提供强大制度保障。

一是坚持党的最高政治领导，不断完善党的领导制度体系，提高党科学执政、民主执政、依法执政水平。我国的国家治理是中国共产

党领导下的国家治理，党的领导是中国特色社会主义最本质的特征，也是中国特色社会主义制度的最大优势，如果党的领导地位削弱了，国家制度也就没有任何优势可言。因此，必须坚持党政军民学、东西南北中，党是领导一切的，坚决维护党中央权威，健全总揽全局、协调各方的党的领导制度体系，把党的领导落实到国家治理各领域各方面各环节。

二是坚持以人民为中心，不断完善人民当家作主制度体系，发展社会主义民主政治。我国国家性质是人民民主专政，国家的一切权力属于人民，国家治理的根本目标是实现人民当家作主。因此，必须通过坚持和完善人民代表大会制度这一根本政治制度，坚持和完善中国共产党领导的多党合作和政治协商制度，巩固和发展最广泛的爱国统一战线，坚持和完善民族区域自治制度，健全充满活力的基层群众自治制度，使人民的民主权利得到切实的保障。

三是坚持全面推进依法治国，不断完善中国特色社会主义法治体系，提高党依法治国、依法执政能力。依法治国是现代文明国家制度的标志，也是实现国家治理现代化的基本途径。因此，必须不断完善立法、司法、监督各方面的法律制度，坚持依法治国、依法执政、依法行政共同推进，坚持法治国家、法治政府、法治社会一体建设。各级领导干部要牢固树立法治观念，敬畏法律、遵守法律、依法用权，形成社会公平正义法治环境。

四是坚持全面深化改革，不断解放思想、解放生产力、解放社会活力。巩固和完善中国特色社会主义制度、推进国家治理体系和治理能力现代化本身就是全面深化改革的总目标，实现这个总目标的过程也只有通过全面深化改革来完成。改革的过程就是破除旧制度、旧体制的弊端，完善和建立新制度、新体制的过程。改革永远在路上，国家治理现代化效能的释放和充分发挥，也只有通过全面深化改革来实现。

Sec. 6
第六节　党的领导和社会主义制度优势进一步彰显

习近平同志强调，"我们最大的优势是我国社会主义制度能够集中力量办大事。这是我们成就事业的重要法宝"①。中国共产党作为我国的最高政治领导力量，充分发挥总揽全局、协调各方的领导核心作用，这是我们取得各项事业健康稳定发展的根本保证。新中国成立以来特别是改革开放以来，正是在党的集中统一领导下，中国特色社会主义制度的显著优势得以生动体现，并转化到实现中华民族伟大复兴的伟大实践中。

第一，中华民族迎来了从站起来、富起来到强起来的伟大飞跃。民族复兴是近代以来中华民族和中国人民最伟大的梦想，中国共产党人的初心和使命就是为中国人民谋幸福，为中华民族谋复兴。为实现这一梦想，党中央从制度层面对经济社会发展作出整体规划和部署，确立并不断完善社会主义市场经济体制，最大限度发挥社会主义制度集中力量办大事的优势。党的十八大以来，习近平总书记带领全党全国各族人民接续推进伟大社会革命和伟大自我革命，开创了中国特色社会主义新时代，开辟了马克思主义中国化新境界，推动党和国家事业取得历史性成就、发生历史性变革，引领我们前所未有地接近实现中华民族伟大复兴的战略目标。

第二，科学社会主义在二十一世纪的中国焕发出强大生机活力。科学社会主义是指导国际共产主义运动的科学理论，经历了从理论到实

---

①　习近平：《为建设世界科技强国而奋斗——在全国科技创新大会、两院院士大会、中国科协第九次全国代表大会上的讲话》，《人民日报》2016 年 6 月 1 日。

践、从一国实践到多国发展的历程。中国特色社会主义开创于改革开放新时期，建立在我们党90多年长期奋斗基础上。中国共产党坚持将科学社会主义的立场、观点和方法与中国具体实际相结合，建立了一套与我国经济社会发展规律高度契合的制度体系。在党中央的坚强领导下，制度优势效能充分发挥，极大激发了广大人民群众的积极性、主动性和创造性，创造了世所罕见、彪炳史册的发展奇迹，有力驳斥了各类唱衰社会主义的恶言，证明了科学社会主义毋庸置疑的科学性。

第三，中国智慧和中国方案为人类发展作出历史性贡献。改革开放是当代中国最鲜明的特色、当代中国共产党人最鲜明的品格。改革开放以来，中国共产党人和中国人民以一往无前的进取精神和波澜壮阔的创新实践，不断战胜前进道路上各种世所罕见的艰难险阻，推动中国经济实力、综合国力、人民生活水平不断跨上新台阶。在改革开放过程中，中国共产党始终坚持独立自主的基本立场，深入探寻符合中国国情的道路与制度，以制度自身的优越性为支撑，推动中国特色社会主义现代化事业稳步向前，为其他国家的现代化之路提供了经验借鉴和有益启迪。同时，党领导人民积极参与谋划世界和平与发展事业，推动构建人类命运共同体，提出"一带一路"倡议等，正成为推动国际政治经济秩序朝公正合理方向发展的重要力量。

第四，全面深化改革使中国特色社会主义制度优势进一步彰显。中国特色社会主义开创于改革开放历史新时期，建立在我们党长期奋斗基础上，是植根于中国大地、反映中国人民意愿、适应中国和时代发展进步要求的科学社会主义，是党和人民历尽千辛万苦、付出巨大代价取得的根本成就。中国特色社会主义在改革开放中诞生，也必将在全面深化改革中发展壮大。中国共产党领导是中国特色社会主义最本质的特征，是中国特色社会主义制度的最大优势，也是改革开放始终沿着正确方向前进的根本保证。在推进改革的进程中，我们党始终坚持科学的改革方法，系统整体设计推进改革，不断提高改革的系统性、整体性、协同性。尤其是党的十八大以来，我们党以前所未有的力度推进全面深化改革，重要领域和关键环节改革成效显著，主要领域基础性制度体系基本形成，为解放和发展社会生产力、解放和增强社会活力、永葆党和国家生机活力提供了有力保证，为保持社会大局稳定、保证人民安居乐业、保障国家安全提供了有力保证，不断推进中国特色社会主义制度自我完善和发展，使中国特色社会主义这条康庄大道越走越宽广。

第五，我国人民抗击这场肆虐人间的新冠肺炎疫情取得了伟大胜利。面对这次汹涌的新冠肺炎疫情，在党的号召下，广大党员干部把投身防控疫情第一线作为践行初心使命的试金石和磨刀石，发扬"越是艰险越向前"的革命精神，在疫情防控的关键时刻挺身而出、冲锋在前，以实际行动践行初心和使命。坚持"全国一盘棋"思想，始终以人民为中心，不忘初心、牢记使命，彰显新时代共产党人的责任担当。正如习近平总书记 2020 年 5 月 8 日在党外人士座谈会上发表重要讲话时指出，疫情防控斗争实践再次证明，中国共产党领导和我国社会主义制度、我国国家治理体系具有强大生命力和显著优越性，能够战胜任何艰难险阻，能够为人类文明进步作出重大贡献。

第六，人民的获得感幸福感不断增强。为中国人民谋幸福，为中华民族谋复兴，是中国共产党人的初心和使命。全面深化改革牢牢坚持人民立场，把顶层设计与基层探索紧密结合起来，把坚持在党的领导下推进改革和尊重人民主体地位高度统一起来，让全面深化改革成为亿万人民自己的事业，让人民在奋进新时代、共筑中国梦中施展才干、成就梦想。全面深化改革以促进社会公平正义、增进人民福祉为出发点和落脚点，着力解决人民群众所需所急所盼，让人民共享经济、政治、文化、社会、生态等各方面发展成果，有更多、更直接、更实在的获得感、幸福感、安全感，不断促进人的全面发展、全体人民共同富裕。

第二章

新发展阶段揭示了我国所处历史新方位

"十四五"时期是我国全面建成小康社会、实现第一个百年奋斗目标之后，乘势而上开启全面建设社会主义现代化国家新征程、向第二个百年奋斗目标进军的第一个五年，我国将进入新发展阶段。进入新发展阶段，我们必须科学精准研判新发展阶段的新方位，把握新起点、研究新情况、迎接新挑战、作出新规划。必须全面认识和把握"四个全面"战略布局新内涵、新境界，坚持和完善中国特色社会主义制度，深入推进国家治理体系和治理能力现代化，牢牢把握重要战略机遇期，谋篇布局打造新优势，全面开启"十四五"迈向第二个百年奋斗目标新征程。

Sec. 1 第一节 "四个全面"战略布局新内涵新境界

党的十九届五中全会提出了"十四五"时期经济社会发展指导思想，其中"四个全面"战略布局的表述由"全面建成小康社会、全面深化改革、全面依法治国、全面从严治党"发展为"全面建设社会主义现代化国家、全面深化改革、全面依法治国、全面从严治党"。第一个全面由"全面建成小康社会"变为"全面建设社会主义现代化国家"。"四个全面"战略布局由此被赋予了新内涵，彰显了新境界。

协调推进"四个全面"战略布局，是中国共产党立足于时代高点作出的与时俱进的战略布局，是我们党治国理政的长期战略，是习近平新时代中国特色社会主义思想的重要组成部分。2014 年 12 月，习近平总书记在江苏调研时，首次提出了"四个全面"，要"协调推进全面建成小康社会、全面深化改革、全面推进依法治国、全面从严治党，推动改革开放和社会主义现代化建设迈上新台阶"。时隔 6 年，我国即将完成全面建成小康社会这一阶段性任务，实现第一个百年奋斗目标。下一阶段，我国即将开启全面建设社会主义现代化国家新征程，向第二个百年奋斗目标大踏步迈进。"四个全面"战略布局的提出立足于"两个一百年"奋斗目标的历史交汇点，着眼于实现中华民族伟大复兴的中国梦的战略全局，具有深远的指导意义和历史意义。

"十三五"时期，我国全面深化改革取得重大突破，全面依法治国

取得重大进展，全面从严治党取得重大成果。虽然新的"四个全面"战略布局中这三个"全面"的表述没有变，但是引领方向的战略目标变了，因此这三个"全面"同样被赋予了高要求和新内涵。

全面深化改革只有进行时，没有完成时。"十四五"时期我国将进入新发展阶段，改革又到了一个新关头，全面深化改革也将体现新面貌，主要表现在"三新"：我国社会主要矛盾变化带来的新特征新要求；国际环境复杂变化带来的新矛盾新挑战；我国将进入新发展阶段，全面深化改革面临新特点新任务。必须以坚持和完善中国特色社会主义制度、推进国家治理体系和治理能力现代化为主轴来谋划全面深化改革。要继续把握好改革和发展的内在联系，提高改革的战略性、前瞻性、针对性，服务于全面建设社会主义现代化国家的战略目标，科学统筹、稳步推进。

全面依法治国是我们党治国理政的长期任务，提高党依法治国、依法执政能力需要一以贯之的努力。建设中国特色社会主义法治体系，建设社会主义法治国家是坚持和发展中国特色社会主义的内在要求。展望 2035 年，我国将基本建成法治国家、法治政府、法治社会。与这一目标相适应，依法治国在党和国家工作全局中摆在更突出的位置，全面推进科学立法、严格执法、公正司法、全民守法，推进法治中国建设。

全面从严治党永远在路上。中华民族伟大复兴，绝不是轻轻松松、敲锣打鼓就能实现的，在继续引领伟大社会革命的同时，我们党必须坚持不懈不断推进党的自我革命，永葆党的先进性和纯洁性。坚持党要管党、从严治党，增强忧患意识。更加突出政治建设，提高党的建设质量，将中国特色社会主义事业领导核心锻造得更加坚强有力。

"四个全面"战略布局，体现了阶段性与连续性的有机统一，统筹兼顾短期、中期、长期目标，实现当前任务与长远任务的统一；体现了理论创新与实践创新相结合，源于实践、顺应实践、引领实践，总结以往经验、立足当前实际、适应未来需要；体现了目标导向与结果导向相结合，立足于"两个一百年"奋斗目标的衔接与转换，着眼于解决我国改革发展稳定面临的问题和任务。"四个全面"战略布局蕴含着辩证思维，它们彼此间不是简单叠加或平行关系，而是对立统一的逻辑关系；"四个全面"战略布局蕴含着系统思维，这是一个需要全局谋划、统筹推进的有机整体，具有系统性、整体性、协同性。从宏观层面来看，它们之间是目标引领与实现方式的关系。全面建设社会主义现代化国家是战略目标，在"四个全面"战略布局中居于引领地位；全面深化改革、全面依法治国、全面从严治党是三大战略举措，为全面建设社会主义现代化国家提供改革的动力源泉、公平正义的法治保障和强有力的政治保证。从微观层面来看，每个具体的"全面"之间环环相扣、密不可分。全面深化改革，既为全面建设社会主义现代化国家提供动力源泉，也是实现全面依法治国和全面从严治党的内在需要。全面依法治国，一方面是全面建设社会主义现代化国家的组成部分，另一方面也为全面建设社会主义现代化国家提供法治保障。全面从严治党有利于更好发挥党作为中国特色社会主义事业坚强领导核心的作用，为全面建设社会主义现代化国家、全面深化改革、全面依法治国提供根本的政治保证和组织保证。

在全面实现社会主义现代化国家的新征程上，我们要深刻理解和把握"四个全面"战略布局的新内涵，感受和体验新境界，坚持目标导向和问题导向，运用辩证思维和系统思维，科学统筹，分类、分阶段协调推进社会主义现代化各项事业建设，为把我国建设成为富强民主文明和谐美丽的社会主义现代化强国、实现中华民族伟大复兴的中国梦作出新的更大贡献。

Sec. 2 第二节　坚持和完善中国特色社会主义制度

　　一个国家选择什么样的国家制度，取决于这个国家的历史文化传统和经济社会发展水平，也取决于这个国家的人民选择。概言之，国家制度的选择既要体现历史性、现实性，也要彰显人民性。新中国成立70多年来，我们党带领人民创造了经济快速发展和社会长期稳定的"两大奇迹"。实践证明，中国特色社会主义制度是以马克思主义科学原理为指导、根植于中华民族深厚的文化传统、深得人民拥护的伟大制度，是中国共产党和中国人民的伟大创造，也是人类制度文明史上的伟大产物。

　　中国特色社会主义制度是中国共产党领导人民在长期实践探索中形成的科学制度体系，具有独特创造性和巨大优越性。我们党在革命、建设、改革历程中，立足于我国国情，把马克思主义基本原理同中国具体实际相结合，经过不断探索实践，不断改革创新，持续建构系统、科学、规范的制度体系，为国家发展进步提供根本制度保障。新中国成立70多年来，我们党团结带领人民，坚定不移走社会主义道路，推进社会主义建设，建立和完善社会主义制度。新中国成立后，人民代表大会制度、中国共产党领导的多党合作和政治协商制度等根本制度和基本制度的建立，完成了中华民族有史以来最为广泛而深刻的变革，为中华民族从站起来、富起来到强起来打下了坚实的制度基础、提供了强有力的政治保证。改革开放以来，我们党和人民从未停下制度变革的步伐，与时俱进，守正创新，坚持和完善中国特色社会主义制度，坚持把根本政治制度，同法律体系、基本经济制度以及各方面体制机制等具体制度有机结合起来，在经济、政治、文化、社会等各领域形成一整套相互衔接、相互联系的制度体系，搭建起了国家制度体系的"四梁八柱"。

中国特色社会主义制度是由根本制度、基本制度、重要制度三个层次构成的严密完整、系统集成的制度体系。包括人民代表大会制度这一根本政治制度，中国共产党领导的多党合作和政治协商制度、民族区域自治制度以及基层群众自治制度等构成的基本政治制度，中国特色社会主义法律体系，公有制为主体、多种所有制经济共同发展的基本经济制度，按劳分配为主体、多种分配方式并存的分配制度，以及建立在根本政治制度、基本政治制度、基本经济制度基础上的经济体制、政治体制、文化体制、社会体制等各项具体制度。具体来看，中国特色社会主义制度主要包括党的领导制度体系、人民当家作主制度体系、中国特色社会主义法治体系、中国特色社会主义政府治理体系、社会主义基本经济制度、社会主义先进文化制度、民生保障制度、社会治理制度、生态文明制度、党对人民军队的绝对领导制度、"一国两制"制度、对外事务制度、党和国家监督体系等方面。实践证明，中国特色社会主义制度是一种成功的探索：一方面，紧紧抓住社会主义这一根本性质不动摇；另一方面，立足于我国国情，取其精华，去其糟粕，借鉴了古今中外制度建设的有益成果，充分彰显了中国特色社会主义的鲜明特点。坚持中国特色社会主义制度，有利于保持党的先进性，维护政治稳定；有利于保证人民当家作主，彰显人民至上的崇高理念；有利于解放和发展生产力，增强社会活力；有利于调动各方面积极性，发挥集中力量办大事的显著优势；有利于保障人民权利，促进社会公平正义；有利于防范化解重大风险、主动应对危机；有利于维护民族团结、社会稳定、国家统一。

中国特色社会主义制度是具有多方面显著优势的国家制度。习近平

总书记在庆祝全国人民代表大会成立 60 周年大会上的重要讲话中提出了衡量政治制度"八个能否"的标准，指出："评价一个国家政治制度是不是民主的、有效的，主要看国家领导层能否依法有序更替，全体人民能否依法管理国家事务和社会事务、管理经济和文化事业，人民群众能否畅通表达利益要求，社会各方面能否有效参与国家政治生活，国家决策能否实现科学化、民主化，各方面人才能否通过公平竞争进入国家领导和管理体系，执政党能否依照宪法法律规定实现对国家事务的领导，权力运用能否得到有效制约和监督。"① 党的十九届四中全会从 13 个方面概括了中国特色社会主义制度的显著优势，与"八个能否"衡量制度的标准相契合。这 13 个方面，既有理论层面的高度凝练，也有实践层面的深刻总结，同时也是全国人民的切身体会。中国特色社会主义制度之所以具有显著优势，离不开马克思主义科学原理的指引，离不开博采众长、与时俱进的自我完善，离不开中国共产党的坚强领导，更离不开亿万人民的实践探索。

中国特色社会主义制度是特色鲜明、富有效率的，但还不是尽善尽美、成熟定型的。中国特色社会主义事业不断发展，中国特色社会主义制度也需要不断完善。当今世界正经历着百年未有之大变局，国内外形势深刻复杂变化。我国正处于实现中华民族伟大复兴关键时期，即将迈向实现社会主义现代化国家的新征程，实现第二个百年奋斗目标，处于顶层设计层面的中国特色社会主义制度需要与之相配套、相适应。坚持和完善中国特色社会主义制度，就是要坚持和巩固已经建立起来并经过实践的根本制度、基本制度、重要制度，在这一前提下，坚持解放思想、实事求是、与时俱进、求真务实，深刻把握国内外形势，顺应时代

---

① 习近平：《在庆祝全国人民代表大会成立六十周年大会上的讲话》，《人民日报》2014 年 9 月 6 日。

发展潮流，继续加强制度创新，推进国家治理体系和治理能力现代化。习近平总书记在十九届中央政治局第十七次集体学习时强调："要加强对中国特色社会主义国家制度和法律制度的理论研究，总结70年来我国制度建设的成功经验，构筑中国制度建设理论的学术体系、理论体系、话语体系，为坚定制度自信提供理论支撑。"① 要善于总结和准确把握制度建设经验和规律，注重改革的系统性、整体性、协同性，以理论创新推动制度创新，构建系统完备、科学规范、运行有效的制度体系，使各方面制度更加成熟更加定型，把我国制度优势更好转化为国家治理效能，推进国家治理体系和治理能力现代化。

Sec. 3 第三节　深入推进国家治理体系和治理能力现代化

"经国序民，正其制度。"我国国家治理一切工作和活动都依照中国特色社会主义制度展开，我国国家治理体系和治理能力是中国特色社会主义制度及其执行能力的集中体现。习近平总书记指出，"国家治理体系是在党领导下管理国家的制度体系，包括经济、政治、文化、社会、生态文明和党的建设等各领域体制机制、法律法规安排，也就是一整套紧密相连、相互协调的国家制度"②。国家治理体系现代化，就是通过一系列制度设计，使国家的治理体系趋于系统完善、科学规范、运行有效。治理能力，可以理解为将制度优势更好转化为治理效能的能

---

① 习近平：《坚持、完善和发展中国特色社会主义国家制度与法律制度》，《求是》2019年第23期。
② 习近平：《切实把思想统一到党的十八届三中全会精神上来》，《人民日报》2014年1月1日。

力。国家治理能力是指运用国家制度管理社会各方面事务的能力，包括改革发展稳定、内政外交国防、治党治国治军等各个方面。治理能力现代化，是将制度优势更好转化为治理效能的能力不断提升的过程。国家治理体系与治理能力是一个有机统一体，相辅相成。一方面，一国的制度优势需要通过良好的治理能力才能转化为治理效能。如果一国的治理能力欠缺，那么即使这个国家的制度建设多么科学完备，制度优势也只是停留在纸面，无法转化为治理效能，无法服务于国家各项事务的治理和建设。另一方面，治理能力需要以制度为依托。推进国家治理体系和治理能力现代化的核心要素在于制度，基本路径在于制度建设，本质在于提高中国共产党领导人民治理国家的能力和水平。

党的十八届三中全会基于全面深化改革的总布局，首次提出"推进国家治理体系和治理能力现代化"这一重大命题。党的十九大明确提出，到2035年我国制度建设和治理能力建设的目标是，"各方面制度更加完善，国家治理体系和治理能力现代化基本实现"。党的十九届四中全会审议通过了《中共中央关于坚持和完善中国特色社会主义制度推进国家治理体系和治理能力现代化若干重大问题的决定》，通过系统研究若干重大问题，准确把握我国国家制度和国家治理体系的演进方向和规律，对我国制度建设和国家治理描绘出了一幅"三步走"的宏伟愿景图："到我们党成立一百年时，在各方面制度更加成熟更加定型上取得明显成效；到二〇三五年，各方面制度更加完善，基本实现国家治理体系和治理能力现代化；到新中国成立一百年时，全面实现国家治理体系和治理能力现代化，使中国特色社会主义制度更加巩固、优越性充分展现。"党的十九届五中全会再次提出国家治理体系和治理能力现代化的远景目标，到2035年，"基本实现国家治理体系和治理能力现代化，人民平等参与、平等发展权利得到充分保障，基本建成法治国家、法治政府、法治社会"。这既是社会主义现代化的重要内涵，也为我国完善和发展国家制度和治理体系指引了前进方向。实现 2035 年制度建设和治理能力建设目标，支撑中国特色社会主义制度的根本制度、基本制度、重要制度等各方面制度都将更加完善。人民当家作主制度体系更加健全，人民民主更加充分发展，人民平等参与、平等发展权利得到充分保障，人民积极性、主动性、创造性进一步发挥。建设法治国家、法治政府、法治社会，是制度建设和治理能力的重要内容。到 2035 年基本建成法治国家、法治政府、法治社会，我国依法治国将得到全面落实，形成科学立法、严格执法、公正司法、全民守法的良好格局。坚持和完善中国特色社会主义制度，深入推进国家治理体系和治理能力现代化，为全面建设社会主义现代化国家、实现第二个百年奋斗目标提供有力的制度保障。

新中国成立 70 多年来，我国的制度建设和治理体系不断发展完善，我们党领导人民治理国家的能力不断提升。当前我国全面建成小康社会胜利在望，即将实现第一个百年奋斗目标，这一阶段性成就的取得与我国优越的制度体系保障和强大的治理能力支撑密不可分。天下之势不盛则衰，天下之治不进则退。我们还要清醒认识到，当今世界百年未有之大变局正在加速演进，我国发展仍处于重要战略机遇期，机遇和挑战都有新变化。国际和国内形势发展变化对党和国家的全局工作提出了新的更高要求，我们需要进一步提升制度建设和治理能力建设的重要性，将其摆到更突出位置，以坚持和完善中国特色社会主义制度、推进国家治理体系和治理能力现代化为主轴防范化解重大风险，运用制度这一利器化危为机，使中国成为当今世界乱局中的稳定器、变局中的正能量，用"中国之制"有力推动"中国之治"。

始终坚持中国共产党的领导，是深入推进国家治理体系和治理能力现代化的根本保证。党政军民学，东西南北中，党是领导一切的。一方面，要将党的领导贯穿于国家制度建设和治理水平建设的各环节、各领

域、各方面，发挥党总揽全局、协调各方的作用；另一方面，要处理好党的全面领导与推进国家制度建设和治理水平建设各环节、各领域、各方面的内在逻辑与发展规律之间的关系，构建科学合理的职责分工，使二者相互兼容、有效协调。坚持和完善中国特色社会主义制度、推进国家治理体系和治理能力现代化，是全党的一项重大战略任务。各级党委、政府以及各级领导干部要带头提升制度自觉和制度意识，增强制度执行力，起到维护制度权威、严格遵守制度的表率作用。

始终坚持以人民为中心，将增进人民福祉、改善人民生活品质作为深入推进国家治理体系和治理能力现代化的出发点和落脚点，为早日实现"全体人民共同富裕取得更为明显的实质性进展"这一远景目标搭建制度基石。民之所向，政之所为，健全人民当家作主制度体系，充分发展人民民主，充分保障人民平等参与、平等发展权利，充分发挥人民积极性、主动性、创造性，不断增强人民群众的获得感、幸福感、安全感。

处理好政府、市场、社会的关系，协调好公共权力与公民权利之间的关系，约束和规范公共权力的作用边界和行使方式，形成互利共赢、协同治理、良性互动的"善治"局面。有关主体要有敢于"刀刃向内"、进行自我革命的勇气和魄力，要有敢于坚持到底的毅力和决心，要敢于触及深层次的利益矛盾藩篱和体制机制障碍。坚持系统观念，依照法律法规，运用综合手段追根溯源，从根本上固根基、补短板、强弱项，坚持和完善中国特色社会主义制度的根本制度、基本制度、重要制度，使各方面制度更加科学、更加完善，实现党、国家、社会各项事务治理制度化、规范化、程序化，提高党运用制度和法律治理国家的能力，提高党科学执政、民主执政、依法执政水平。

国家治理体系和治理能力现代化，是对我国现代化内涵的丰富和发展。我们必须站在新时代全面深化改革的战略高度，站在"两个一百年"奋斗目标的历史交汇点，站在全面建设社会主义现代化强国的战略高度，深刻认识坚持和完善中国特色社会主义制度、推进国家治理体系和治理能力现代化的丰富内涵和深远意义。

Sec. 4 第四节　新发展阶段谋篇布局打造新优势

　　党的十九届五中全会通过的《建议》从总论部分到分论部分，从"十四五"时期经济社会发展指导思想、"十四五"时期经济社会发展必须遵循的"五个坚持"的重要原则、"十四五"时期经济社会发展"六个新"的主要目标，再到对十二个方面的重大问题进行详细论述，从始至终都贯穿着认识新发展阶段、贯彻新发展理念、构建新发展格局这样一条清晰鲜明的逻辑主线。这三"新"有自身的内在逻辑：全面贯彻新发展理念，必然要求我们国家迈向全面建设社会主义现代化国家和推动高质量发展的新发展阶段，而贯彻新发展理念、迈入新发展阶段，又必然要求我国加快构建以国内大循环为主体、国内国际双循环相互促进的新发展格局。自觉而坚定地贯彻新发展理念这一发展指针、新发展阶段这一发展方位、新发展格局这"三位一体"发展模式的三个方面，努力打造国际合作和竞争新优势，为全面建设社会主义现代化国家开好局、起好步。

　　实践证明，发展是一个不断向前演进和变化的过程，不同发展阶段，面临不同的发展环境、任务、要求，只有准确把握其基本特征和内在规律，才能实现科学发展、有效发展、良性发展。新发展阶段是瞄准到2035年基本实现社会主义现代化，从"五位一体"总体布局、"四

个全面"战略布局各方面、各领域全面推进高质量发展的新阶段。可以从两个方面来解读新发展阶段。一方面，新发展阶段之"新"体现在全新的时间阶段，我国即将全面建成小康社会，开启全面建设社会主义现代化强国新征程；另一方面，新发展阶段之"新"体现在全新的发展模式，在这一发展模式下，新发展理念将贯彻始终，全面推动创新发展、协调发展、绿色发展、开放发展、共享发展，实现"更高质量、更有效率、更加公平、更可持续、更为安全"的发展。实现"十四五"经济社会发展目标和 2035 年基本实现社会主义现代化的远景目标，要求我们必须深刻认识和把握新发展阶段的新形势、新任务、新要求，辩证看待我国所处的新机遇、新矛盾、新挑战。新形势，主要体现在世界进入动荡变革期，新冠肺炎疫情全球大流行加速了百年未有之大变局的演进趋势，新一轮科技革命和产业变革突飞猛进，国际力量对比深刻调整，国际格局演变与民族复兴目标的叠加性、同步性、长期性，为我国转向高质量发展阶段提供了新机遇，同时也使我国在新发展阶段经济社会发展面临复杂新形势。新任务，主要是指实现"十四五"时期经济和社会发展主要目标及 2035 年基本实现社会主义现代化远景目标所带来的一系列新任务。新要求，主要体现在我国社会主要矛盾转变带来的发展要求，我国进入高质量发展阶段带来的更高水平发展要求，我国经济发展方式转变、发展所具有的要素禀赋变化带来的经济、社会、文化、生态等各领域发展要求。

理念来源于实践，又反作用于实践。2015 年，习近平总书记在主持起草"十三五"规划建议时，创造性地提出了创新、协调、绿色、开放、共享的新发展理念，并将其写入"十三五"规划建议中，成为编制和实施"十三五"规划的总体思路和根本遵循。把新发展理念贯穿发展全过程和各领域，就是把以习近平同志为核心的党中央在党的十八大以来成功驾驭我国经济发展实践中形成的、包括新发展理念在内的习近平新时代中国特色社会主义经济思想，全面贯彻落实到新发展阶段、新发展格局的全过程和各领域。坚定不移、全面准确贯彻新发展理念，是制定实施"十四五"规划的科学指引，也是我国"十四五"时期经济社会发展、顺利开启全面建设社会主义现代化国家新征程必须遵循的重要原则。《建议》明确指出：我国已转向高质量发展阶段。习近平总书记强调，高质量发展就是体现新发展理念的发展，是经济发展从"有没有"转向"好不好"[①]。实践中，需要有机统一转变发展方式和高质量发展二者的关系，并将新发展理念贯穿其中，在转变发展方式中贯彻新发展理念，推动高质量发展，形成国际合作和竞争新优势。

形成新优势，需要加快构建以国内大循环为主体、国内国际双循环相互促进的新发展格局。"十四五"和未来更远一个时期，国内市场主导国民经济循环特征会更加明显，经济增长的内需潜力会不断释放。我们党立足于国内外形势发展变化，着眼于全面防范化解风险挑战，以深化供给侧结构性改革为主线，以扩大内需为战略基点，以国内市场效应作为国内经济循环和国际经济循环的连接"桥梁"，充分发挥国内超大规模市场优势。加快建设现代化经济体系，提升产业基础高级化和产业链现代化水平，使生产、分配、流通、消费更多依托国内市场，打造市场化、法治化、国际化的一流营商环境，降低制度性交易成本，深入推进贸易便利化，以国内国际双循环，形成参与国际竞争和合作的新优势。内外循环互动是过去几十年中国经济成功的关键。

形成新优势，需要发挥创新的第一驱动作用，为发展注入新动能。加快科技创新是畅通国内大循环、在国际大循环中发挥更大作用的关键。从顶层设计层面科学谋划、系统布局科技强国的发展思路和重点任

[①] 习近平：《坚持新发展理念打好"三大攻坚战"奋力谱写新时代湖北发展新篇章》，《人民日报》2018 年 4 月 29 日。

务，制定科技强国行动纲要，完善科技创新体制机制；加强基础研究，注重原始创新；强化企业创新主体地位，使人、财、物、资金、技术等各类创新要素向企业汇聚，推进产学研深度融合。

形成新优势，需要坚定不移深化改革，推动更高水平对外开放，为发展注入新活力。回顾中国改革开放40多年的历程，特别是过去20年，全球化是中国经济发展的最大动力，中国经济社会快速发展也得益于全球化。所以在强调内循环的同时，我们一定不能放弃外循环，不通不可循环，不连不成循环，无互动不成循环，实现内外双循环的畅通互动，使中国成为全球化的深度参与者。立足于落实"十四五"时期各项重大发展战略任务，贯彻"一个理念"：将新发展理念贯彻改革全过程；坚持"两个导向"：以目标导向和问题导向思考和解决问题；协调好"三个关系"：促进内需和外需、进口和出口、引进来和走出去相协调。同时，越开放越要重视安全，认真贯彻总体国家安全观，统筹协调发展和安全的关系。在党的十九届五中全会公报中，关键词"安全"被提及了22次，足以见得国家对安全的高度重视。树立底线思维，坚决维护国家主权、安全和发展利益，增强风险防控能力。

形成新优势，需要发挥基层"桥头堡"作用，牢牢守住基层治理的"最后一道防线"。推进社会治理现代化，优化社会治理层级功能，协调区域发展，理顺条块关系。创新社会治理方式，提高社会主体参与的积极性、主动性、创造性，建设人人有责、人人尽责、人人享有的社会治理共同体，打造共建共治共享的社会发展新局面，促进人的全面发展和社会全面进步，为形成新优势奠定坚实的社会基础。

高度决定格局，格局决定结局。站在"两个一百年"的历史交汇点，党的十九届五中全会及其通过的《建议》擘画了中国未来5年以及15年的发展新蓝图，显示出我们党具有的战略性、前瞻性、全局性的战略高度。《建议》明确提出的"加快构建以国内大循环为主体、国内国际双循环相互促进的新发展格局"，是我们党立足新发展阶段，面对发展阶段、环境、条件变化，审时度势、与时俱进之举，是准确识变、科学应变、主动求变的战略性创新之举。坚持正确的历史观、大局观、角色观，发扬斗争精神，发挥多方显著优势，保持战略定力，牢牢把握掌握战略主动权，打造双循环的新格局，以科技驱动新动能、注入改革的新活力，发挥高水平开放的新优势，构建社会发展的新局面。我们相信，中国共产党在新发展阶段，完全有基础、有条件、有能力团结带领全国各族人民，积极有效应对国内外深刻复杂变化中的不稳定不确定因素，于危机中育先机，在变局中开新局，稳中求进、蹄疾步稳地实现"十四五"时期经济和社会发展主要目标和 2035 年基本实现社会主义现代化远景目标，在新发展阶段按照新发展理念、新发展格局，打造国际合作和竞争新优势，创造一个又一个新发展奇迹。

Sec. 5 第五节 开启迈向第二个百年奋斗目标新征程

我国"十三五"时期，即将以如期全面建成小康社会、实现第一个百年奋斗目标这一里程碑式的成就圆满收官。在党的十九届五中全会通过的《建议》指引下，我国从 2021 年起正式进入"十四五"时期，乘势而上开启全面建设社会主义现代化国家新征程，向第二个百年奋斗目标进军。

"十三五"时期是全面建成小康社会的决胜阶段。面对错综复杂变化的国际形势、艰巨繁重的国内改革发展稳定任务，特别是面对新冠肺炎疫情严重冲击，以习近平同志为核心的党中央不忘初心、牢记使命，

团结带领全党全国各族人民攻坚克难、开拓创新，奋发有为推进党和国家各项事业。全面深化改革取得重大成就，全面依法治国取得重大进展，全面从严治党取得重大成果，国家治理体系和治理能力现代化加快推进，中国共产党领导和我国社会主义制度优势进一步彰显，经济实力、科技实力、综合国力跃上新的大台阶，全面建成小康社会目标已基本实现。这是以习近平同志为核心的党中央坚强领导的结果，是习近平新时代中国特色社会主义思想科学指引的结果，是全国各族人民顽强拼搏、真抓实干的结果。

2013 年，习近平总书记高瞻远瞩地指出："面向未来，中国将相继朝着两个宏伟目标前进：一是到 2020 年国内生产总值和城乡居民人均收入比 2010 年翻一番，全面建成惠及十几亿人口的小康社会。二是到 2049 年新中国成立 100 年时建成富强民主文明和谐的社会主义现代化国家。"① 在党的十九大报告中，习近平总书记对实现第二个百年奋斗目标明确提出分两个阶段推进的战略安排：到 2035 年，基本实现社会主义现代化。到本世纪中叶，把我国建成富强民主文明和谐美丽的社会主义现代化强国。现在我们即将实现全面建成小康社会目标，开启全面建设社会主义现代化国家新征程，历史即将翻开新的篇章。"十四五"恰好处于这两个宏伟目标承上启下、承前启后的历史交汇点上，时机特殊、意义重大、影响深远。

展望新征程，我国发展仍然处于重要战略机遇期。我们要深刻认识全面建设社会主义现代化国家、实现中华民族伟大复兴的中国梦的战略全局，深刻认识我国社会主要矛盾变化带来的新特征新要求，深刻理解和把握我国新发展阶段的新形势新任务，深刻认识错综复杂国际环境带

---

① 习近平：《携手合作 共同发展——在金砖国家领导人第五次会晤时的主旨讲话》，《人民日报》2013 年 3 月 28 日。

来的新矛盾新挑战，深刻认识"十四五"时期我国将进入新发展阶段的重大判断，立足社会主义初级阶段基本国情，系统认识和科学把握发展规律，发扬斗争精神，树立底线思维，增强机遇意识、风险意识，准确识变、科学应变、主动求变，抓住机遇，应对挑战。自觉而坚定地贯彻新发展理念这一发展指针、新发展阶段这一发展方位、新发展格局这"三位一体"发展模式，为全面建设社会主义现代化国家开好局、起好步。

推动"十四五"时期经济社会发展，要全面加强党的领导。办好中国的事情，关键在党。历史和现实有力证明了坚持党的全面领导，是国家和民族兴旺发达的根本所在，是全国各族人民幸福安康的根本所在。推动"十四五"时期经济社会发展，必须坚持党的全面领导，把党锻造得更加坚强有力。

推动"十四五"时期经济社会发展，要贯彻落实新发展理念，着力构建以国内大循环为主体、国内国际双循环相互促进的新发展格局，不断推动高质量发展。这是事关全局的系统性深层次变革，对于为全面建设社会主义现代化国家新征程开好局、起好步来说，是具有全局覆盖性、长远指导性的战略抉择和重要部署。习近平总书记明确指出："这个新发展格局是根据我国发展阶段、环境、条件变化提出来的，是重塑我国国际合作和竞争新优势的战略抉择。"[①]

推动"十四五"时期经济社会发展，要坚持以人民为中心，坚持发展为了人民，发展依靠人民，发展成果由人民共享。人民是历史的创造者，要始终把人民立场作为根本立场，把为人民谋幸福作为根本使命，把实现好、维护好、发展好最广大人民根本利益作为发展的出发点和落脚点。只有紧紧依靠人民的力量，充分调动人民的积极性、主动

---

① 习近平：《在经济社会领域专家座谈会上的讲话》，《人民日报》2020年8月25日。

性、创造性，才能使一切有利于发展的源泉充分迸发，才能使发展成果惠及人民、实现全体人民共同富裕，才能实现全面建设社会主义现代化国家的目标。

"十四五"时期，是党和国家事业承前启后、继往开来的关键期。我们要深刻理解党中央突出强调的"坚持系统观念"，将其贯穿于本职工作实践各领域各阶段，坚持目标导向和问题导向相结合，锚定远景目标、系统推动、科学谋划，确保经济发展取得新成效、改革开放迈出新步伐、社会文明程度得到新提高、生态文明建设实现新进步、民生福祉达到新水平、国家治理效能得到新提升，顺利开启迈向第二个百年奋斗目标新征程。

蓝图已经绘就，使命催人奋进。展望未来五年，经济社会发展主要目标已经明确，关键是要以"钉钉子"精神狠抓落实。我们要更加紧密地团结在以习近平同志为核心的党中央周围，坚持以习近平新时代中国特色社会主义思想为指导，增强"四个意识"、坚定"四个自信"、做到"两个维护"，开拓进取、奋勇前进，不断夺取全面建设社会主义现代化国家新胜利。

第三章

新发展理念提供了高质量发展方向引领

　　党的十九届五中全会通过的《建议》明确提出，把新发展理念贯穿发展的全过程和各领域。这是从顶层设计出发，强调坚持系统观念，切实发挥好新发展理念在引领高质量发展、构建新发展格局中的重要作用，从而不断提高贯彻新发展理念、构建新发展格局的能力和水平，为实现高质量发展提供根本保证。坚定不移贯彻新发展理念，推动高质量发展，这是"十四五"时期经济社会发展和改革开放的根本遵循和必要原则。

新发展理念贯穿发展全过程和各领域

一个国家的进步和发展，要抓住时代进步的脉搏，在历史前进的逻辑中前进、在时代发展的潮流中发展。从我国长期实践探索发展规律和成功经验来看，在不同的发展阶段，都有不同的发展规划和理念引领。理念是行动的先导，一定的发展实践都是由一定的发展理念来引领的。发展理念是否对头，从根本上决定着发展的成效乃至成败。当前，国内改革攻坚任务繁重，国际发展环境错综复杂，我们所面临的重要战略机遇期内涵也发生了深刻变化。发展是解决我国一切问题的基础和关键，发展必须坚持新发展理念。

"创新、协调、绿色、开放、共享"的新发展理念，是在科学研判"中华民族伟大复兴的战略全局"和"世界百年未有之大变局"两个大局背景下，以习近平同志为核心的党中央紧紧围绕新发展阶段新形势新任务，统筹把握构建新发展格局战略基础上提出的，是当前和今后一个时期我国致力于破解发展难题、应对发展挑战、增强发展动力、构建新发展格局、推动高质量发展的理论指导和实践指南。①

第一，新发展理念是实现"十三五"规划圆满收官、全面开启"十四五"规划的重要指导。2020年作为五年规划承上启下之年，迎来"十三五"（2016—2020年）规划圆满收官，是我国将如期实现全面建成小康社会第一个百年目标的关键之年。同时，"十四五"（2021—

① 参见曲青山：《五个坚持："十四五"时期我国发展必须遵循的重要原则》，《党建》2020第11期。

2025年）规划编制工作即将开启，是迈向全面建设社会主义现代化国家第二个百年目标的跨进之年。继续坚定不移地贯彻落实新发展理念，是"十四五"时期乃至更长时期我国发展思路、方向和着力点的集中体现。

"十三五"时期以来，以习近平同志为核心的党中央坚持以人民为中心的发展思想，用新发展理念统领发展全局，推动我国经济实现快速发展。"十三五"规划中提出将要实现的经济发展、资源环境、民生福祉、创新驱动等方面的25项预期性或约束性指标，多数已经在"十三五"中期就已提前完成或接近实现。2016—2019年城市新增就业人口数累计为5378万人，已经超过"十三五"规划确定的5年累计5000万人的目标。2019年，科技进步贡献率达到59.5%，接近"十三五"时期末60%的目标。2019年，全国森林覆盖率达22.96%，接近"十三五"时期末23.04%的水平。2020年11月23日，贵州省正式宣布该省9个县退出贫困县序列，这标志着国务院扶贫办此前确定的全国832个贫困县、5575万农村贫困人口全部实现脱贫。这些成绩的取得，都是新发展理念引领社会和经济快速发展的实践证明。

"十三五"规划目标如期完成，充分证明新发展理念对我国经济社会长期发展具有全局性的指导意义，为"十四五"时期乃至更长时期我国发展提供了基本遵循。新发展理念在助推"十三五"规划圆满收官的同时，开启引领"十四五"规划的新征程。"十四五"规划锚定的2035年远景目标，包括实现经济发展取得新成效、改革开放迈出新步伐、社会文明程度得到新提高、生态文明建设实现新进步、民生福祉达到新水平、国家治理效能得到新提升等六个方面的目标。其中在经济发展指标中，提出在质量效益明显提升的基础上，实现经济持续健康发展，增长潜力充分发挥，国内市场更加强大，经济结构更加优化，创新能力显著提升，产业基础高级化、产业链现代化水平明显提高，农业基础更加稳固，城乡区域发展协调性明显增强，现代化经济体系建设取得重大进展。这些指标的实现和完成，无不需要坚定不移地坚持新发展理念的推动。

第二，新发展理念加快形成以国内大循环为主体、国内国际双循环双促进的新发展格局。坚持新发展理念，必须快速适应经济社会发展正在向结构形势更复杂、内外部挑战更严峻的新发展阶段跃迁的紧迫性。当前，我国发展所面临国内、国际环境都发生了深刻复杂变化，要深刻认识到新时代我国社会主要矛盾变化带来的新特征新要求，准确把握错综复杂的国际竞争环境带来的新挑战新任务，理性面对当前和今后一个时期，我国发展仍然处于重要战略机遇期，机遇和挑战并存，于危机中育新机，于变局中开新局。例如2020年初，突如其来的新冠肺炎疫情对我国和世界经济社会发展带来了很大不利影响，在党中央坚强领导下，经过全国人民共同努力，新冠肺炎疫情防控取得重大战略成果。但是，今后和未来一个时期外部环境中不稳定不确定因素仍然较多，还存在不少可能冲击国内经济发展的风险隐患，新冠肺炎疫情全球大流行影响深远，世界经济可能持续低迷，中长期规划目标要更加注重经济结构优化，引导各方面把工作重点放在以新发展理念为引领、提高发展质量和效益上来。

面对国内外发展环境的严峻考验，坚持新发展理念为引领，增动力谋发展，加快构建新发展格局。只有以新发展理念为引领，补短板、强弱项、疏堵点、创新点，"大循环""双循环"才能有效运转起来，这就需要把新发展理念贯穿改革发展全过程和各领域。首先要立足于社会主义初级阶段基本国情，认识和把握国内外的发展规律，把实施扩大内需战略与深化供给侧结构性改革有机结合起来，形成以国内大循环为主体、国内国际双循环相互促进的新发展格局。同时，增强机遇意识和风险意识，扎实做好"六稳"工作、全面落实"六保"任务。通过新发

展理念来推动经济社会的全面发展，达到准确识变、科学应变、主动求变，为"十四五"时期乃至今后更长时期持续健康高质量发展奠定坚实的基础。

第三，坚持新发展理念要在做好顶层设计和部署落实上双向发力。贯彻落实新发展理念是一场关系全局的深刻变革。习近平总书记指出："发展理念是发展行动的先导，是管全局、管根本、管方向、管长远的东西，是发展思路、发展方向、发展着力点的集中体现。发展理念搞对了，目标任务就好定了，政策举措也就跟着好定了。"① 近年来，如何贯彻落实好新发展理念，将新发展理念转变为具体的工作行动，充分发挥好新发展理念的实践引领作用，是习近平总书记高度关注的话题，从"加快制度创新，强化制度执行，引导形成绿色生产生活方式"到"建立健全城乡融合发展体制机制和政策体系"，习近平总书记考察的足迹，就是不断践行新发展理念的直接体现。

贯彻落实新发展理念，要紧紧围绕新发展理念的内涵要求推动实际工作。新发展理念提出的要求是全方位的、多层次的，不能顾此失彼，也不能相互替代。新发展理念是"指挥棒"，也是"定心针"，发展局面越是复杂严峻，越要用好新发展理念这根"指挥棒"。新发展理念的落实关键在各级领导干部的认识和行动，这就要求各级广大党员干部要树立全面的观念，克服单打独斗思想，不能只顾一点不顾其余，要遵循经济社会发展规律，重大政策出台和调整要进行综合影响评估，不搞"急就章""一刀切"。政策不能只是挂在墙上，要切实抓好落实，坚决杜绝形形色色的形式主义、官僚主义②。贯彻新发展理念要具有全局

---

① 习近平：《关于〈中共中央关于制定国民经济和社会发展第十三个五年规划的建议〉的说明》，《人民日报》2015 年 11 月 4 日。

② 人民日报评论员：《坚定不移贯彻新发展理念——论学习贯彻中央经济工作会议精神》，《人民日报》2019 年 12 月 16 日。

性、系统性、创新性的思维，把新发展理念贯穿于工作各环节，通过坚决落实新发展理念，及时化解矛盾风险和推动社会发展，不断提高攻坚克难、化解矛盾、驾驭复杂局面的能力①，真正做到崇尚创新、注重协调、倡导绿色、厚植开放、推进共享。

Sec. 2 第二节 创新成为第一动力

创新，是一个民族进步的灵魂，是一个国家兴旺发达的不竭源泉，也是中华民族最厚重的民族禀赋。抓创新就是抓发展，谋创新就是谋未来。抓住了创新，就抓住了牵动经济社会发展全局的"牛鼻子"②。实际上，坚定不移所贯彻的新发展理念本身，就是我们党经过长期实践的重大理论创新和实践创新。在深入分析我国当前发展形势基础上，党的十九届五中全会对我国当前的创新发展水平作出了重要判断，即创新能力不适应高质量发展的要求。在开启全面建设社会主义现代化国家的新征程，创新引领和驱动发展已经成为我国发展的迫切要求，要抓住新一轮科技革命和产业变革的趋势和机遇，构建新发展格局、塑造发展新优势，必须把发展基点放在创新上，将创新作为第一驱动力，培育塑造发展新优势，充分发挥创新在百年未有之大变局和中华民族伟大复兴战略全局中的支撑和引领作用。

"创新"是"十四五"规划《建议》谋划布局中高频出现的关键

---

① 参见张世贵、叶海源：《学习和掌握习近平新时代中国特色社会主义思想蕴含的科学方法》，《思想政治教育研究》2019 年第 6 期。

② 习近平：《深入理解新发展理念》，《求是》2019 年第 10 期。

词，在不同的主题篇章中被着重提及了 47 次。其实回顾过往，在 2015 年 10 月，党的十八届五中全会就提出"创新、协调、绿色、开放、共享"的新发展理念，强调"坚持创新发展，必须把创新摆在国家发展全局的核心位置"，"让创新贯穿党和国家一切工作"。党的十九届五中全会则再次强调"坚持创新在我国现代化建设全局中的核心地位"，明确"把科技自立自强作为国家发展的战略支撑"。在明确"十四五"时期经济社会发展指导思想和必须遵循的原则时，强调要"以改革创新为根本动力"；在明确"十四五"时期经济社会发展的主要目标时，突出"创新能力显著提升"是其中一项重要标准；在 2035 年基本实现社会主义现代化远景目标中，提出要在"关键核心技术实现重大突破，进入创新型国家前列"。可以明显看到，从"十三五"时期到"十四五"时期的开局谋划，创新发展的首要及核心地位得到了明确突出和强调。

第一，创新为高质量发展催生强大动能。创新是高质量发展的第一动力，是牵动经济社会发展全局的"牛鼻子"，创新驱动力的强弱直接关系甚至决定着高质量发展的速度、效率以及可持续性。实现高质量发展和提高人民高品质生活，就要深入实施创新驱动发展战略，推动科技创新、产业创新、企业创新、市场创新、产品创新、业态创新、管理创新等一系列创新，形成以创新为主要引领和支撑的经济体系和新发展模式。要提升产业链、供应链、创新链的现代化水平，发展战略性新兴产业，加快数字化发展，不断增强经济创新力、竞争力、抗风险能力。其中，还须正确认识和把握破除旧动能和培育新动能的辩证关系，以全面深化改革加快助推新旧动力的转换，通过创新发展打造新的经济增长极。

第二，创新是构建新发展格局的根本要求。构建以国内大循环为主体、国内国际双循环相互促进的新发展格局，是党中央根据当前国内外新形势作出的重大战略抉择。而双循环正是创新驱动自立自强的循环，创新是构建新发展格局的动力系统，是顺利开启全面建设社会主义现代化国家新征程的重要保障。创新发展，为构建新发展格局提供全新的成长空间、关键着力点，也为经济发展、民生改善和国家安全等夯实发展根基。在创新发展概念中，科技自立自强是作为国家发展的战略支撑，以科技发展的主动赢得国家发展的主动。科技创新要坚持"四个面向"：面向世界科技前沿、面向经济主战场、面向国家重大需求、面向人民生命健康，须发挥科技创新的渗透性、扩散性，要把原始创新能力摆在更加突出的位置，重点突破核心关键技术，并加快开创一条从科技强到产业强、国家强的创新驱动发展路径和模式。

第三，创新是激发深化改革扩大开放的源泉。随着我国迈入新发展阶段，改革也面临新任务新难题，必须拿出更大的勇气、花更大气力打破体制机制的深层障碍。全面建设社会主义现代化国家，必须以改革创新为根本动力。坚持创新发展，要坚持体制机制创新与科技创新的"双轮驱动"，只有同步深化体制改革，完善国家创新体系，深入实施科教兴国战略、人才强国战略，才能让创新驱动战略真正落实落细。通过鼓励解放思想，树立敢于提出新理论、开辟新领域的创新思维，才能为改革开放激活源头，探索出科技成果向生产力高效率、高质量转化的应用模式。[①] 扩大科技开放则可以合作吸纳和集聚更多创新要素，强化产业链高端布局，积极抢占技术制高点。

第四，创新发展的关键在于激活创新主体的积极性。不断增强自主创新能力，更加有利于我们以全球视野谋划发展，积极融入全球创新网络，深化各领域之间开放交流合作的创新发展。以攻关创新短板、瓶颈为方向，建立健全科技管理、科学决策、包容创新等体制，从战略全局

---

① 参见赵建军：《集中力量是办好科技领域大事的法宝》，《人民论坛》2020 年第 4 期。

统筹，以创新驱动为指引，逐步提升我国向高精尖和"盲点"领域的攻坚能力，适应转型升级、数字智能的大环境和新需求。要努力提升企业技术创新能力，培育人人崇尚创新的良好社会氛围，充分激发创新主体的活力和积极性，让各方面创新、创造的潜能动能充分释放出来。要以创新包容的姿态拥抱全球创新人才，为发力源头创新积蓄能量。加强创新人才教育培养，要尊重人才成长规律和科研规律，围绕"高精尖"专业紧缺人才，实施高端创新人才引育，推动科技创新成果不断涌现，并转化为现实生产力。

党的十九届五中全会为"十四五"时期乃至更长时期的创新发展和现代化经济体系建设擘画蓝图、明确目标。创新开创未来，只要切实把党的十九届五中全会各项决策部署落到实处，做到人有我有、人有我强、人强我优，脚踏实地，行稳致远，创新必将为全面建设社会主义现代化国家注入强劲动力。

Sec. 3 第三节　协调成为内生特点

协调发展是高质量发展的制胜要诀。协调既是发展手段又是发展目标，同时还是评价发展的标准和尺度。党的十八大以来，习近平总书记围绕"协调发展"作出一系列重要论述，指出经济发展与政治、文化、社会建设必须协调共进。下好新发展阶段的全国一盘棋，协调是发展两点论和重点论的统一，是发展平衡和不平衡的统一，是发展短板和潜力的统一；协调发展不是搞平均主义，而是更注重发展机会公平，更注重资源配置均衡。坚持协调发展是实现全体人民共同富裕的必然要求和必由之路。"十三五"任务顺利完成的实践经验也表明，坚持统筹规划、协调发展是社会主义制度在发展方面的最大优越性，增强了我国社会发展的整体性、协调性和持续性。

坚持协调发展，有助于推动发展速度与发展质量和效益相协调，助力经济结构调整优化，增强经济发展内生动力，有效弥补"木桶短板效应"，为构建新发展格局提供新思路。[①] 习近平总书记为推动我国的协调发展，多次深入一线进行调研指导。2014年，他在北京考察时，强调京津冀要协同发展，要通过疏解北京非首都功能，调整经济结构和空间布局，促进区域协调发展，形成带动区域发展新增长极。2018年，他在主持召开的长江经济带发展座谈会上要求，各个地区和每个城市在各自发展过程中，一定要从整体出发，树立"一盘棋"思想，把自身发展放到协同发展的大局之中，实现错位发展、协调发展、有机融合，形成整体合力。2020年，他在浙江考察时，指出区域协调发展同城乡协调发展紧密相关，建立健全城乡融合发展体制机制和政策体系，加快推进农业农村现代化。由此可见，协调发展既是发展的核心理念之一，又是采取的实际办法和关键举措。

第一，协调发展是坚持问题导向、补短板、强弱项的系统发展观念。协调发展是持续健康发展的内在要求。长期以来我国经济快速发展，与此同时，简单粗放的经济增长模式，在一定程度上带来整体发展的不协调、不平衡等问题，主要表现在区域之间、城乡之间、经济和社会、物质文明和精神文明等方面的不协调。集中表现在城乡区域发展不平衡，城乡之间的教育、医疗差距加大；一些地方简单追求GDP，对环境问题重视不够；有不少行业产能过剩问题严重，经济发展与产业结

---

① 参见曹雪雪、汪晓莺：《新时代下坚持协调发展理念的价值所在》，《学理论》2020年第11期。

构失衡。这些不协调因素已经严重制约着我国经济社会持续健康发展，如果处理不好，就会阻碍经济发展，甚至会加剧社会矛盾。因此，必须采取有效措施，切实解决发展不协调问题，避免使社会发展中的"短板"变成制约社会进步的"陷阱"。① 因此树立协调发展理念，坚持走协调发展之路，既是我们现实所需，更是从实践中得来的最紧迫的要求。协调各种关系和比例来解决各种发展的不平衡，就是要坚持问题导向，通过补短板，发现并破解制约发展的不协调要素，进而增强发展的平衡性、包容性、可持续性，促进各区域各领域各方面的协同、均衡发展。补齐现实中不协调的短板，不仅可以形成平衡结构，拓展发展空间，还可以在加强薄弱领域中增强发展后劲，促进我国经济发展行稳致远。

第二，协调发展是适应经济发展阶段特点、引导经济社会健康的可持续发展。经济与社会同步协调发展，才能推进国家治理体系和治理能力现代化。社会发展是一个整体、一个系统，需要各方面、各环节、各因素协调联动。党的十八届五中全会提出，"坚持协调发展，必须牢牢把握中国特色社会主义事业总体布局，正确处理发展中的重大关系"。我们要统筹好经济与社会、城乡区域、人与自然、国内国外、政治经济文化、新"四化"、政府与市场、经济建设与国防建设等重大关系的协调发展，以确保如期全面建成小康社会。坚持协调发展，其实质就是正确处理发展中的各种关系，坚持发展系统性、整体性、协同性，注重解决发展不平衡问题。重点要促进城乡区域协调发展、经济社会协调发展，不断构建科学合理的区域布局、城乡布局、产业布局等。此外，协调发展理念也引导我国经济社会发展克服"唯 GDP 论英雄"发展模式

---

① 参见李捷：《从六大维度全面认识习近平新时代中国特色社会主义思想》，《开放时代》2020 年第 1 期。

的弊端。推动经济社会的协调发展，本身就有助于我国加快经济结构调整和升级转型，加快构建新发展格局。

第三，协调发展是巩固和有效衔接全面建成小康社会的重要前提。2020 年是全面建成小康社会的关键之年。全面建成小康社会，就是要"一个都不能掉队"，那就必须坚持城乡一体化发展，城乡实现协调发展共同发展，物质文明与精神文明建设水平大力提高，实现不同地区经济社会的全面发展。随着 2020 年打赢脱贫攻坚战，已经如期全面建成小康社会，开始向第二个百年奋斗目标进军，这就一方面需要我们通过协同发展，来稳定脱贫成果，另一方面通过协同发展来开启新的征程。协调发展是推动两个目标实现更好衔接的基础和前提。

第四，协调发展有利于促进国内、国际双循环发展。推动协调发展是构建我国双循环新发展格局的主要抓手。中国与世界经济深度融合，相互促进，相互影响。协调发展理念有助于更好地协调国内经济发展与国际经济发展的关系，积极统筹国内国外两个市场、两种资源，要加快引进外资、优化外资结构和质量，推动国内外的双循环格局的形成。同时，协调发展有利于各区域之间、各领域之间、各行业之间打通堵点，畅通循环，加快促进国内大循环市场形成，以国内大循环促进国内国际双循环畅通发展。

第四节　绿色成为普遍形态

环境就是民生，绿色发展就是着力推进人与自然的和谐共生。生态环境没有替代品，用之不觉，失之难存。绿水青山就是金山银山，保护

环境就是保护生产力,改善环境就是发展生产力。党的十九届五中全会提出,要坚持绿水青山就是金山银山的理念,坚持尊重自然、顺应自然、保护自然,坚持节约优先、保护优先、自然恢复为主,守住自然生态安全边界。深入实施可持续发展战略,完善生态文明领域统筹协调机制,构建生态文明体系,促进经济社会发展全面绿色转型,建设人与自然和谐共生的现代化。要加快推动绿色低碳发展,持续改善环境质量,提升生态系统质量和稳定性,全面提高资源利用效率。当前,我国经济步入注重提升质量和效率的新发展阶段,绿色发展成为经济和社会普遍形态,对实现高质量发展具有保驾护航的重要意义。

《习近平谈治国理政》(第三卷)生动记录了党的十九大以来,习近平总书记在领导和推进党和国家各项事业取得新的重大进展的伟大实践中发表的一系列重要论述。其中,习近平总书记指出:"生态环境是关系党的使命宗旨的重大政治问题,也是关系民生的重大社会问题。"①因此,我们应结合习近平总书记提出的生态文明思想,从理论思想高度,联系实际问题,从政治、经济、社会等不同层面深入领会绿色成为普遍形态的现实意义,切实发挥好坚持绿色发展的生态文明观、促进高质量发展的保障作用。

第一,我们要建设的现代化,是人与自然和谐共生的现代化。从人类文明发展这一宏观命题的角度来看,绿色低碳的发展模式,体现了辩证的生态自然观。环境与发展的关系,一直是人类社会文明进程中的永恒课题。人类文明的发展历史,同时也就是人类在发展进程中探索如何正确处理环境与发展辩证关系的历史。进入工业文明以来,随着资源日益紧缺,污染问题不断出现,如何实现环境资源的可持续利用、实现经济社会与人类自身的良性循环发展,已成为一个全球性的重大问题。如

---

① 《习近平谈治国理政》第三卷,外文出版社 2020 年版,第 359 页。

何处理环境与发展的关系，决定着人类文明的方向。环境与发展之间存在辩证关系：发展既依赖自然环境，又会破坏自然环境，但恰当的发展也可能有利于自然环境的保护。"绿色成为普遍形态"，是习近平总书记对"环境与发展的关系"这一人类重大课题所作出的科学解答。

第二，绿色成为普遍形态，是实现经济向高质量发展阶段转变的重要保障。2020 年 11 月 10 日，习近平主席在北京以视频方式出席上海合作组织成员国元首理事会第二十次会议，并发表重要讲话。习近平主席在讲话中指出："可持续发展才是好发展。"他同时强调，我们要秉持创新、协调、绿色、开放、共享的发展理念，拓展务实合作空间，助力经济复苏、民生改善。① 事实上，可持续发展、建设生态文明、探索新型工业化道路，这是中国经济可持续增长的必然要求，也是发展中国家工业化面临的共同任务。当前，中国经济由高速增长模式向高质量模式转变的关键历史阶段，更需要节约资源、保护环境，为未来可能出现的经济发展需要和突发问题，预留出充足的可支配资源，以及防范发展风险所必需的储备。因此，绿色成为普遍形态，不仅仅是对"环境与发展"关系问题的理论解答，更对国民经济发展具有极为重要、极为具体的指导意义。②

第三，绿色成为普遍形态，是最普惠的民生福祉。目前来说，我国还是发展中国家，要坚持以经济建设为中心，但不能以牺牲生态环境为代价。改革开放以来，我国经济发展取得历史性成就的同时，也积累了很多生态环境问题。广大人民群众在热切期盼加快经济发展步伐的同时，也迫切盼望同步提高生态环境质量。绿水青山不仅是金山银山，也

---

① 习近平：《弘扬"上海精神" 深化团结协作 构建更加紧密的命运共同体——在上海合作组织成员国元首理事会第二十次会议上的讲话》，《人民日报》2020 年 11 月 11 日。

② 参见曹雪雪、汪晓莺：《新时代下坚持协调发展理念的价值所在》，《学理论》2020 年第 11 期。

是人民群众健康的重要依赖。在这方面，同样需要我们认真深入领会，并贯彻到具体工作中，进一步完善生态文明制度体系，提升生态环境治理效能。习近平总书记曾指出："保护生态环境必须依靠制度、依靠法治"，"让制度成为刚性的约束和不可触碰的高压线"。①

第四，坚持生态文明制度体系建设，努力实现绿色发展引领生产生活生态可持续发展。"十四五"期间，在经济发展和民生建设的具体工作上，应继续坚持、积极部署生态文明建设，努力实现绿色生产生活生态可持续发展。具体来说，到2035年，我们将基本实现"美丽中国"建设目标，我国将广泛形成绿色生产生活方式，清洁低碳、安全高效的能源体系和绿色低碳循环发展的经济体系基本建立，能源、水资源等利用效率达到国际先进水平。生态环境质量实现根本好转，大气、水、土壤等环境状况明显改观，生态安全屏障体系基本建立，生产空间安全高效、生活空间舒适宜居、生态空间山青水碧的国土开发格局形成，森林、河湖、湿地、草原、海洋等自然生态系统质量和稳定性明显改善。碳排放总量在2030年前达到峰值后稳中有降，在应对全球气候变化中发挥更加重要作用。

Sec. 5 第五节 开放成为必由之路

开放发展是高质量发展的必由之路。开放带来进步，而封闭必然落后。当今，我国发展仍然处于重要战略机遇期，机遇和挑战都有新的发

---

① 《习近平谈治国理政》第三卷，外文出版社2020年版，第363页。

展变化，我们遇到的诸多问题是中长期的，不少问题以前未曾经历，需要从战略角度深化认识有效应对。但是，无论遭遇怎样的客观条件，扩大开放，仍然是我们发展中的主旋律。2020 年 8 月 24 日，习近平总书记在主持召开经济社会领域专家座谈会时发表重要讲话指出，要以高水平对外开放打造国际合作和竞争新优势。国际经济联通和交往仍是世界经济发展的客观要求。要全面提高对外开放水平，建设更高水平开放型经济新体制，形成国际合作和竞争新优势。①

当今时代，随着全球经济一体化的快速发展，世界各国政治、经济交流日益密切，彼此取长补短，形成优势互补，已逐步建立起全球范围的国际贸易体系和商务活动体系。因此，无论是中国还是世界上的其他国家，都不可能关起门来搞建设，不可能关闭本已开放的市场和沟通对话窗口。搞"闭门造车"是没有出路的，也不符合人类发展的主流和总体趋势。只有大力发展开放型经济，形成对外全面开放新格局，才能有效解决各国在经济社会发展中存在的各种问题，从而实现国家的繁荣发展和长治久安。同时，随着经济全球化的复杂演进、全球价值链的深刻调整以及社会分工的进一步细化，世界各国已经成为相互依存、彼此融合的利益共同体，开放包容、合作共赢才是唯一正确的选择。

第一，扩大开放，对于促进国家繁荣、经济发展进步，具有不可替代的价值。具体到我们自身的发展来说，开放可以促进国家经济社会的繁荣发展与进步，这是由古往今来众多国内外经济理论和具体发展实践所证实的。我们应看到，当今世界经济强国的崛起和发展，不可能依靠固步自封、关起门来发展取得成功。我们自改革开放以来，在进出口贸易、吸收和引进外资、对外投资合作、跨国和跨区域经贸合作等方面，都取得了长足的发展，这在很大程度上得益于中国主动融入世界、积极

---

① 习近平：《在经济社会领域专家座谈会上的讲话》，《人民日报》2020 年 8 月 25 日。

参与国际事务和全球经济流转，对于刺激和带动国民经济整体发展，起到了不可估量的作用。

第二，扩大开放，不仅为发展带来更多机遇，还将为科学过渡至高质量发展阶段提供助力。在面对当前经济发展阶段变化的历史机遇期，我国已转向高质量发展阶段，制度优势显著，治理效能提升，经济长期向好，物质基础雄厚，人力资源丰厚，市场空间广阔，发展韧性强劲，社会大局稳定，继续发展具有多方面优势和条件。但与此同时，我国发展不平衡不充分等问题仍然突出，很多"卡脖子"的问题，很多关键核心技术受制于人，还阻碍着我们的进一步发展。此外，当前国际环境日趋复杂，不稳定性不确定性明显增加，新冠肺炎疫情影响广泛深远，经济全球化遭遇逆流，国际经济政治格局复杂多变，世界进入动荡变革期，单边主义、保护主义、霸权主义对世界和平与发展构成威胁。值此机遇与挑战并存的关键时期，坚持对外开放、扩大开放，有助于我们厘清很多工作中出现的现实问题，帮助我们有效地找到解决问题的出路。我们还应看到，继续坚持扩大开放，也将为世界的全面开放发展注入信心，为解决世界政治、经济层面出现的诸多问题找到答案。

第三，中国开放的大门不会关闭，只会越开越大。无论是从发展的角度看，还是从解决当前阶段问题的角度看，《建议》指出，到2035年，我国应形成对外开放新格局，参与国际经济合作和竞争新优势明显增强。在经济社会发展方面，党的十九届五中全会则提出了"十四五"时期经济社会发展主要目标，其中，"更高水平开放型经济新体制基本形成"，无疑是其中的重要内容。为此，我们应坚定不移实施对外开放基本国策，奉行互利共赢的开放战略，遵守和维护世界贸易规则体系，推动经济全球化朝着更加开放、包容、普惠、平衡、共赢的方向发展。

第四，多措并举促进国内国际双循环，打造对外开放新高地。在深入理解和领会以习近平同志为核心的党中央对扩大对外开放重要部署精神后，具体工作中，要以实现国民经济体系高水平的完整性为目标，突出重点，抓住主要矛盾，着力打通堵点，贯通生产、分配、流通、消费各环节，促进国内国际双循环，构建新发展格局。同时，全面提高我国对外开放水平，建设更高水平开放型经济新体制，将共建"一带一路"走深走实，进一步优化贸易结构，实行高水平贸易和投资自由化便利化政策，完善外商投资准入前国民待遇加负面清单管理制度，大幅放宽市场准入，市场化、法治化、国际化营商环境更加完善，由"贸易大国"迈向"贸易强国"。加快创新对外投资方式，促进国际产能合作，形成面向全球的贸易、投融资、生产、服务网络，不断打造自由贸易试验区、自由贸易港等对外开放高地，实现高质量发展。

Sec. 6 第六节 共享成为根本目的

　　共享发展是高质量发展的根本目的。习近平总书记在基层代表座谈会上强调：把加强顶层设计和坚持问计于民统一起来，推动"十四五"规划编制符合人民所思所盼。习近平总书记指出，我们党是全心全意为人民服务的党，坚持立党为公、执政为民，把人民对美好生活的向往作为始终不渝的奋斗目标。谋划"十四五"时期发展，要贯彻以人民为中心的发展思想，坚持发展为了人民、发展成果由人民共享，努力在推动高质量发展过程中，办好各项民生事业、补齐民生领域短板。当前共享发展需要从完善市场经济、加强公共服务和社会保障、提高人民收入水平等几个方面入手，要更加聚焦人民群众普遍关心关注的民生问题，采取更有针对性的措施，一件一件抓落实，一年接着一年干，让人民群

众获得感、幸福感、安全感更加充实、更有保障、更可持续。

人民性是马克思主义最鲜明的品格，群众的观点是唯物史观的根本观点。始终同人民在一起，为人民利益而奋斗，是马克思主义政党同其他政党的根本区别。这也决定了我们党天然将人民的利益放在首位，也决定了我们党奋斗的目的，是为了让人民共享发展果实。同时，坚持人民至上，站稳人民立场，是以习近平同志为核心的党中央治国理政最鲜明的特点，体现在改革发展稳定、内政外交国防、治党治国治军方方面面，体现在统筹推进"五位一体"总体布局的各个方面，是推进新时代中国特色社会主义伟大事业的一条主线。这也决定了我们的经济建设，是以人民为中心推进的经济建设，而以经济建设为中心是兴国之要，其目的就在于让人民分享发展成果，始终做到发展为了人民、发展依靠人民、发展成果由人民共享，维护人民根本利益。

第一，共享发展是以人民为中心的重要体现。民生是人民幸福之基、社会和谐之本。习近平总书记指出："'治国有常，而利民为本。'以人民为中心的发展思想，不是一个抽象的、玄奥的概念，不能只停留在口头上、止步于思想环节，而要体现在经济社会发展各个环节。"[①]党的十八大以来，以习近平同志为核心的党中央紧紧抓住人民群众最关心的就业、教育、医疗、社会保障、社会治理、环境保护等问题，各项民生事业取得新进展，更好满足人民群众日益增长的美好生活需要。习近平总书记在福建工作期间，亲自抓"菜篮子工程"，推动建设了全国首个一条龙服务的"一栋楼办公"，用一个个惠民之举夯实民生根基。"十四五"时期要传承弘扬习近平总书记在福建工作期间的好传统、好作风，把人民对美好生活的向往作为奋斗目标，把改善民生作为各项工

---

① 习近平：《在省部级主要领导干部学习贯彻党的十八届五中全会精神专题研讨班上的讲话》，《人民日报》2016年5月10日。

作的出发点和落脚点，针对教育、医疗卫生、养老服务、城市管理等领域民生社会事业发展短板，深入研究具体解决办法，努力为人民群众创造更加美好的生活。

第二，共享发展是不断化解矛盾、体现社会主义制度优越性的本质要求。在党的发展历史上，根据不同历史时期所面对的具体情况，曾多次提出对我国社会主要矛盾的判断。新中国成立后，我们党对社会主要矛盾的判断，逐渐集中到社会生产发展状态与人民需求之间的矛盾上来。其中，党的八大提出，社会主义制度确立后我国国内的主要矛盾，已经是人民对于建立先进的工业国的要求同落后的农业国的现实之间的矛盾，已经是人民对于经济文化迅速发展的需要同当前经济文化不能满足人民需要的状况之间的矛盾。党的十一届三中全会后，我们党进一步明确提出，我国所要解决的主要矛盾，是人民日益增长的物质文化需要同落后的社会生产之间的矛盾。正是根据这一判断，我们制定了党在社会主义初级阶段的基本路线，明确了社会主义的根本任务是解放和发展社会生产力，有力地推动了中国特色社会主义的开创与发展。

第三，共享发展是实现全体人民共同富裕的根本保障和重要前提。共同富裕是社会主义的本质，蕴含社会主义社会长期的奋斗目标，共享发展作为社会主义的优势体现，是朝着共同富裕要求稳步前行的实践路径。共享发展理念的提出，既有利于"先富"，又有利于解决"后"而未"富"的困境，是实现从"先富"到"共富"的必由之路，同时加深了人们对共同富裕内涵以及共同富裕实现路径的认识。不论共同富裕还是共享发展，二者都需要党的领导，把社会主义作为制度性保障，以促进人的全面发展为旨归，在落实共享中逐步实现共同富裕。[1] 进入新

---

① 参见邵蕊：《共同富裕与共享发展的相互关系及其启示》，《南昌航空大学学报》（社会科学版）2020 年第 3 期。

时期新阶段之后，我国经济社会发展具有新特征新要求，我国经济已由高速增长阶段转向高质量发展阶段，构建新发展格局是以习近平同志为核心的党中央所作出的科学判断，符合当前的时代要求，也为未来发展提供了科学而明确的参照。① 要做到发展成果由人民共享，则需要提高人民生活水平，补齐基础公共服务短板，进一步完善和加强社会治理体系建设，维护社会和谐稳定，确保国家长治久安、人民安居乐业，进而推进全民共享、全面共享、共建共享和渐进共享，真正做到发展成果由人民共享，为实现全体人民共同富裕夯实根基。

---

① 参见王一鸣：《更好推动经济转向高质量发展轨道》，《支部建设》2020 年第 2 期。

第四章

新发展目标描绘了大国展现的宏伟蓝图

党的十九届五中全会通过的《建议》，确定了"十四五"时期我国经济社会发展的指导思想、目标任务和重大举措，描绘了2035年基本实现社会主义现代化远景目标的宏伟蓝图，是指导今后一个时期国民经济和社会发展的纲领性文件，这为我们做好未来经济社会发展和改革开放目标任务指明了方向，提供了根本遵循。我们要深刻领会党的十九届五中全会精神，全面把握"十四五"时期经济社会发展目标要求以及2035年远景目标，努力实现经济行稳致远和社会安定和谐，为全面建设社会主义现代化国家开好局、起好步。

经济发展取得新成效

发展是解决我国一切问题的基础和关键。只有坚持以经济建设为中心不动摇，坚持解放和发展社会生产力，才能为建设社会主义现代化国家、不断提高人民生活水平奠定坚实基础。

第一，推动经济高质量发展要坚持新发展理念。《建议》提出，"发展必须坚持新的发展理念，在质量效益明显提升的基础上实现经济持续健康发展"，这是适应当前和今后一个时期我国发展阶段环境变化，战胜我国发展环境深刻复杂变化带来的各种困难、矛盾和挑战，构建新发展格局、实现高质量发展的必然要求。

贯彻新发展理念，在创新发展方面，需要坚持创新是第一动力，深化创新驱动发展战略，推进新型国家建设，充分发挥中国特色社会主义制度优势，打好关键核心技术攻坚战。要高度重视打基础、利长远，加强基础研究、前沿研究，加强教育发展和人才培养。在协调发展方面，需要坚持统筹推进"五位一体"总体布局、协调推进"四个全面"战略布局，加强顶层设计，增强发展的整体性、协调性，科学统筹推进各方面工作。在绿色发展方面，需要坚持绿水青山就是金山银山的理念，深化对人与自然是共同体的认识，更好平衡人与自然的关系，加快形成人与自然和谐共生的格局，促进经济社会发展全面绿色转型，为人民创造良好生产生活生态环境。在开放发展方面，需要坚持对外开放的基本国策，把握好开放和自主的关系，在坚持扩大对外开放中更加重视国内国际市场一体化发展，构建高水平制度规则，建设更高水平开放型经济

新体制。在共享发展方面，需要强化全体人民共同富裕的发展导向，改善人民生活品质，坚持经济发展就业导向，扩大就业容量，提升就业质量，扩大中等收入群体，积极推进教育、卫生、社保、养老、育幼等各方面工作，不断增强人民群众获得感、幸福感、安全感。同时，还需要坚持统筹发展和安全，增强忧患意识，坚持底线思维，防范和化解影响我国现代化进程的各种风险，为全面建设社会主义现代化国家开好局、起好步。

第二，推动经济高质量发展要坚持创新驱动发展。《建议》提出，"坚持创新在我国现代化建设全局中的核心地位"。创新是引领发展的第一动力，要深入实施创新驱动发展战略，强化国家战略科技力量，提升企业技术创新能力，激发人才创新活力，完善科技创新体制机制，加快建设科技强国。要坚持振兴实体经济，提升产业链供应链现代化水平，补齐产业链薄弱环节，全面推动先进制造业和现代服务业融合发展，大力发展战略性新兴产业，加快发展现代服务业，进一步夯实农业基础。

坚持创新驱动发展，《建议》提出要"强化国家战略科技力量"。国家战略科技力量是在重大创新领域由国家布局支持，具有基础性、战略使命的科技创新"国家队"。这是新时代实现我国科技自立自强，支撑全面建设社会主义现代化国家的必然选择，也是加快建设科技强国的重要任务。实现强化国家战略科技力量需要通过深化改革、创新机制、系统推进来完成。一是要健全社会主义市场经济下的新型举国体制。就是强调充分发挥我国社会主义制度能够集中力量办大事的优势，形成关键技术攻坚体制，以体制创新为科技创新提供动力。新型举国体制是面向国家重大需求，通过政府力量和市场力量协同发力，凝聚和集成国家战略科技力量、社会资源共同攻克重大科技难题的组织模式和运行机制，其特征是充分发挥我国制度优势，并综合运用行政的和市场的诸种手段，尊重科学规律、经济规律和市场规律。二是要推进科研院所、高校和企业科研力量优化配置、共享资源。通过改革国有科研机构，聚焦使命定位，形成体系化能力。支持发展研究型大学，强化创新型人才培养，增强基础科研和社会服务能力。强化企业创新主体地位，促进各类创新要素向企业集聚。三是要持续增强科技创新能力。加强基础研究和原始创新，集中力量打好关键核心技术攻坚战，聚焦战略前沿领域实施一批国家重大科技项目。四是要推进国家实验室建设，加强国家技术创新基地建设。通过创新组织机制，加快国家实验室建设，对现有国家重点实验室体系进行重组，形成布局合理、治理有效、创新能力强的专业化分工格局。通过强化产学研合作，建设国家技术创新中心、国家工程研究中心，国家制造业创新中心，建设国家临床医学研究中心、鼓励地方发展新型研发机构。五是要建设各具特色的区域创新增长极。统筹国家战略力量布局，建设若干综合性国家科学中心和区域性创新高地，形成若干特色产业创新集群，推进北京、上海、粤港澳大湾区形成国际科技创新中心。

坚持创新驱动发展，《建议》提出，"强化企业创新主体地位，促进各类创新要素向企业集聚"。这是推动创新链和产业链有效对接、提高国家创新体系整体效能的重要战略举措。强化企业创新主体地位，可以从四个方面发力。一是要推动改革。推动企业提高对国家科技计划、科技重大专项等的决策参与度，支持企业承担国家重要科技项目，支持企业真正成为技术创新决策、研发投入、科研组织实施和成果转化的主体。要在不断深化改革的过程中，促进技术、人才、资金等创新要素向企业聚集。二是要加强激励。企业创新活动具有正外溢性，可以综合运用财税、金融等普惠性政策手段，在前竞争阶段对企业创新予以支持，包括加大研发费用加计扣除等普惠性政策实施力度，对企业投入基础研究实行税收优惠，完善推动科技捐赠发展的专项税收优惠政策，健全政府采购等支持手段。三是要不断倒逼。需要更加灵活、普遍地运用技术

标准、环境保持等手段，不断提高相关门槛，倒逼企业投资研发、加快产业技术升级。四是要优化环境。弘扬企业家精神，强化竞争政策基础地位，加强知识产权保护，营造公平竞争市场环境，使企业创新投入能得到合理回报。总之，我们需要推动成长起一批核心技术能力突出的创新型领军企业，培育出一批掌握"专精特新"技术的隐形冠军企业，发展出一批活跃的科技型中小微企业群体，推动我国经济高质量发展。

第三，推动经济高质量发展要加快构建新发展格局。《建议》提出，"加快构建以国内大循环为主体、国内国际双循环相互促进的新发展格局"。这一新发展格局是根据我国发展阶段、环境、条件变化提出来的，是推动经济高质量发展、重塑我国国际合作和竞争新优势的战略抉择。

加快构建新发展格局是积极应对国内外形势变化的主动选择。改革开放以来特别是加入世界贸易组织以后，我国融入了经济全球化条件下的国际大循环。几十年过去了，随着外部环境和我国发展所具有的要素禀赋的变化，特别是近年来经济全球化遭遇逆流，单边主义、保护主义上升，国际经济政治格局复杂多变，不稳定不确定性明显增加。尤其是新冠肺炎疫情对世界经济造成严重冲击带来的影响广泛深远。面对我国社会主要矛盾变化带来的新特征新要求，面对错综复杂的国际环境带来的新矛盾新挑战，我们需要牢牢把握扩大内需这个战略基点，把实施扩大内需战略与深化供给侧结构性改革有机结合起来，完善内需主导、内生增长的新发展模式，加快培育完整内需体系，使生产、分配、流通、消费各环节更多依托强大国内市场实现良性循环，促进经济高质量发展。

加快构建新发展格局是充分发挥我国超大规模市场优势的内在要求。我国是全球超大规模消费市场，强大的国内市场是我国最大的竞争力，也是我国稳定经济发展和抵御外部风险的根本依托。我国有14亿人口，有世界最大规模的中等收入群体，人均国内生产总值突破1万亿美元，消费总量扩大和消费结构升级的空间广阔。我国仍然是世界上最大的发展中国家，城镇化建设、产业升级、中西部发展都将不断释放投资潜力。我国物质基础雄厚，产业体系完整，人力资源丰富，发展韧性强劲。无论从需求侧看，还是从供给侧看，加快构建以国内大循环为主、国内国际双循环相互促进的新发展格局都具备许多有利条件。未来一个时期，国内市场主导国民经济循环的特征会更加明显，经济增长的内需潜力会不断释放。我们要抓住扩大内需这个战略基点，全面促进消费，拓展投资空间，同时坚持供给侧结构性改革这个战略方向，不断提升供给体系对国内需求的适配性，形成需求牵引供给、供给创造需求的更高水平动态平衡，促进经济高质量发展。

构建新发展格局还要处理好扩大内需和稳定外需的关系。扩大内需与扩大开放并不矛盾，当前我国产业链和需求市场已经深度融入全球经济体系，是120多个国家和地区的最大贸易伙伴。在新时代进入新发展阶段，我国在世界经济中的地位将持续上升，同世界经济的联系会更加紧密。只要我们坚持立足国内大循环，发挥比较优势，协同推进强大国内市场和贸易强国建设，以国内大循环吸引全球资源要素，充分利用国内国际两个市场两种资源，积极促进内需和外需、进口和出口、引进外资和对外投资协调发展，必将加快形成以国内大循环为主体、国内国际双循环相互促进的新发展格局，促进经济高质量发展。

Sec. 2 第二节 改革开放迈出新步伐

改革开放是决定当代中国命运的关键一招，也是决定实现"两个一百年"奋斗目标、实现中华民族伟大复兴的关键一招。我们要按照

《建议》提出的要求，坚持方向不变、道路不偏、力度不减，推动新时代改革开放走得更稳、走得更远。

第一，经济体制改革进一步深化。在全面深化改革中，我们要坚持以经济体制改革为主轴。坚持社会主义市场经济改革方向，不仅是经济体制改革的基本遵循，也是全面深化改革的重要依托，其核心问题是处理好政府与市场的关系，使市场在资源配置中起决定性作用，更好发挥政府作用，推动有效市场和有为政府更好结合。经过多年的改革实践，我国社会主义市场经济体制不断完善，但仍然存在不少束缚市场主体活力、阻碍市场和价值规律充分发挥作用的弊端。政府是国家治理的主体之一，要优化政府组织结构，使政府机构设置更加科学、职能更加优化、权责更加协同。政府要转变职能，更加尊重市场经济一般规律，最大限度减少政府对市场资源的直接配置和对微观经济活动的直接干预，大力保护和激发市场主体活力。同时要继续创新和完善宏观调控，有效弥补市场失灵，着力推动形成新的发展格局。

第二，建设高标准市场体系。市场体系是社会主义市场经济体制的重要组成部分和有效运转基础。"十四五"时期，要全面完善产权保护、市场准入、公平竞争等制度，健全市场体系基础制度。建设高标准市场体系，要求健全归属清晰、权责明确、保护严格、流转顺畅的现代产权制度，健全产权执法司法保护制度。产权是所有制的核心，产权制度是市场经济运行的基石，必须全面完善产权保护制度。高标准市场体系要求实施统一的市场准入负面清制度，这是政府与市场关系的集中体现。建立和实施市场准入负面清单制度，是市场准入管理的重大制度创新，对于发挥市场在资源配置中的决定性作用和更好发挥政府作用，激发市场主体活力和创造力，有着积极的推动作用。高标准的市场体系还要求完善公平竞争制度。公平竞争是市场经济的核心，是实现资源优化配置和企业优胜劣汰的保障。要完善竞争政策框架，建立健全竞争政策实施机制，强化竞争政策基础地位。建设高标准市场体系，要推进要素市场化配置改革。"十四五"时期，要坚持深化市场化改革，破除阻碍要素自由流动的体制机制障碍，扩大要素市场化配置范围，健全要素市场体系，推进要素市场制度建设，实现要素价格市场决定、流动自主有序、配置高效公平。

改革开放以来，我国社会主义市场经济体制逐步建立和不断完善，各类市场主体蓬勃发展，各种所有制经济健康发展。截至 2020 年 9 月底，全国登记在册市场主体 1.34 亿户，较 2019 年底增长 9%。这些市场主体是社会主义市场经济的微观基础，是经济社会发展的力量载体，更是我国经济活动的主要参与者、就业机会的主要提供者、技术进步的主要推动者，在国家经济发展中发挥着十分重要的作用。《建议》提出"要激发各类市场主体活力"，就是要深化国资国企改革，毫不动摇巩固和发展公有制经济，激发国有企业活力；就是要优化民营经济发展环境，毫不动摇鼓励、支持、引导非公有制经济发展，激发民营企业活力；就是要弘扬企业家精神，加快建设世界一流企业。只有充分激发亿万市场主体活力，才能不断增强经济社会发展动能，使一切有利于社会生产力发展的力量源泉充分涌流。

第三，建设更高水平开放型经济新体制。实践证明，开放带来进步，封闭必然落后。"十四五"时期，中国开放的大门不会关闭，只会越开越大。过去 40 多年中国经济发展是在开放条件下取得的，未来中国经济实现高质量发展也必须在更加开放条件下进行。中国的发展离不开世界，世界的繁荣也需要中国。在我国全面建成小康社会、实现第一个百年奋斗目标之后，乘势而上开启全面社会主义现代化国家新征程的第一个五年，开创合作共赢新局面具有重大而深远的意义。

建设更高水平开放型经济新体制，这就要求在稳住外贸外资基本盘基础上，全面提高对外开放水平，促进内需和外需、进口和出口、引进

来和走出去协调发展，持续推进贸易和投资自由化，完善外商投资准入前国民待遇加负面清单管理制度，有序扩大服务业对外开放，完善自由贸易试验区布局，稳步推进海南自由贸易港建设，打造中国商品、中国投资、中国服务品牌。

要推动"一带一路"高质量发展，这就要求我们坚持共商共建共享原则，秉持开放、绿色、廉洁理念，深化务实合作，加强安全保障，促进共同发展。面对世界经济格局发展变化，要积极参与全球经济治理体系改革，这就要求坚持多边主义，坚持平等协商、互利共赢，推动形成更加包容的全球治理、更加有效的多边机制、更加积极的区域合作。

Sec. 3 第三节 社会文明程度得到新提高

中国特色社会主义是精神文明和物质文明全面发展的社会主义。一个民族要实现复兴，既需要强大的物质力量，也需要强大的精神力量。要在坚持以经济建设为中心、抓好物质文明建设的同时，锲而不舍、一以贯之地抓好精神文明建设，促进满足人民文化需求和增强人民精神力量相统一。

第一，培育和践行社会主义核心价值观。社会主义核心价值观是当代中国精神的集中体现，是决定文化性质和方向的最深层的要素，凝聚着全体人民共同的价值追求。一种文化能不能立起来、强起来，关键取决于贯穿其中的核心价值观。社会主义核心价值观蕴含着社会主义现代化的价值目标，是当代中国精神的集中体现，是凝聚民心、汇集民力的强大力量。推动社会主义文化建设，必须抓住社会主义核心价值观建设这个根本，充分发挥其主导和引领作用。要坚持把培育和践行社会主义核心价值观作为凝魂聚气、强基固本的基础工程，把弘扬包括伟大抗疫精神在内的民族精神和时代精神作为重中之重，强化教育引导、实践养成、制度保障，夯实全民族全社会休戚与共、团结奋进的思想道德基础。要把核心价值观融入社会发展各方面，转化为人们的情感认同和行为习惯。要把核心价值观建设贯穿国民教育全过程，融入精神文明创建各方面，渗透精神文化产品创作生产传播各环节，贯穿到国家治理体系和治理能力现代化建设各领域，使之融入经济社会发展和人们生产生活方方面面，更好构筑中国精神、中国价值、中国力量。

要着力提高社会文明程度。文明是现代化国家的显著标志。必须坚持重在建设、以立为本，坚持久久为功、持之以恒，努力推动形成适应新时代要求的思想观念、精神面貌、文明风尚、行为规范。提高社会文明程度，首要的是深入开展习近平新时代中国特色社会主义思想学习教育。要坚持不懈用这一思想武装全党、教育人民，推进马克思主义理论研究和建设工程，推动全党学懂弄通做实，引导全社会坚定主心骨。要推动理想信念教育常态化制度化，加强党史、新中国史、改革开放史、社会主义发展史教育，加强爱国主义、集体主义、社会主义教育，弘扬党和人民在各个历史时期奋斗中形成的伟大精神，引导人们坚定"四个自信"，增强坚守共同理想、共同梦想的信心和决心。要以加强社会公德、职业道德、家庭美德、个人品德建设为着力点，深入推进公民道德建设。要深化群众性精神文明创建活动，拓展新时代文明实践中心建设，不断增强人们文明实践自觉。要健全志愿服务体系，广泛开展志愿服务关爱行动，使我为人人、人人为我在全社会蔚然成风。弘扬诚信文化，推进诚信建设。要提倡艰苦奋斗、勤俭节约，开展以劳动创造幸福为主题的宣传教育。加强家庭、家教、家风建设，促进形成社会主义家庭文明新风尚。加强网络文明建设，发展积极健康的网络文化，营造更

加清朗的网络空间。

第二，推动文化事业和文化产业发展。文化事业和文化产业的高质量发展，直接关乎新时代人民对美好精神生活的需求，从根本上说就是为了更好满足人民日益增长的精神文化生活需要，不断丰富人民精神世界、增强人民精神力量。必须坚持文化发展为了人民、文化发展依靠人民、文化发展成果由人民共享，全面繁荣新闻出版、广播影视、文化艺术、哲学社会科学事业，切实把公共文化服务提高到一个新的水平，着力增强人民文化生活获得感、幸福感，促进人的全面发展。要深化文化体制改革，完善文化管理体制，加快构建把社会效益放在首位、社会效益和经济效益相统一的体制机制。要统筹城乡和区域文化均等化发展，加快形成覆盖城乡、便捷高效、保基本、促公平的现代化公共文化服务体系。要坚持创造性转化、创新性发展，大力传承弘扬中华优秀传统文化，强化重要文化和自然遗产、非物质文化遗产系统性保护，加强民族优秀传统手工艺保护和传承，推动中华文化展现永久魅力、焕发时代风采。

健全现代文化产业体系，是满足人民群众多样化、高品位文化需求的重要基础，也是激发文化创造活力、推进文化强国建设的必然要求。近几年来，我国文化产业持续健康发展，2018年全国文化及相关产业增加值4万多亿元，占国民生产总值的4.48%。发展文化产业，要坚持把社会效益放在首位、社会效益和经济效益相统一，要深化改革，创新生产经营机制，完善文化经济政策、文化产业规划，培育发展新型文化企业、文化业态、文化消费模式，不断加强优质文化产品供给，激发全社会的文化创造活力。要围绕国家重大区域发展战略，把握文化产业发展特点规律和资源要素条件，规范发展文化产业园区，推动区域文化产业带建设，促进形成文化产业发展新格局。文化产业和旅游产业密不可分，要坚持以文塑旅、以旅彰文，推动文化和旅游融合发展，建设一批富有文化底蕴的世界级旅游景区和度假区，打造一批文化特色鲜明的国家级旅游休闲城市和街区，发展红色旅游和乡村旅游。

第三，提升中华文化世界影响力。提高文化软实力，是一项"形于中"而"发于外"的重大战略任务，关系我国在世界文化格局中的定位，关系我国国际地位和国际影响力。我们必须秉持开放包容、互学互鉴的理念，以更自信的心态、更宽广的胸怀，深入开展同各国文化交流合作，广泛参与世界文明对话，促进彼此文化文明的理解、欣赏和借鉴，让各国人民更好了解中国，让中国人民更好了解世界。要以讲好中国故事为着力点，介绍阐述中国理念、中国道路、中国主张，展现真实、立体、全面的中国，不断增进理解、扩大认同。特别要讲好中国共产党治国理政的故事、中国人民奋斗圆梦的故事、中国共产党和中国人民血肉联系的故事、中国坚持合作共赢的故事，帮助国际社会加深对"中国共产党为什么能、马克思主义为什么行、中国特色社会主义为什么好"的认识。要创新推进国际传播，坚持贴近中国实际、贴近国际关切、贴近国外受众，多运用对方听得懂、易接受的话语体系和表达方式，搭建起中国人民同世界各国人民有效互动交流的桥梁，让世界更好读懂中国。

Sec. 4 第四节 生态文明建设实现新进步

建设生态文明是关系人民福祉、关乎民族未来的千年大计。要清醒认识保护生态环境、治理环境污染的紧迫性和艰巨性，清醒认识加强生态文明建设的重要性和必要性。党的十八大以来，我国推进生态文明建

设的决心之大、力度之大、成效之大前所未有，生态环境保护实现历史性转折性全局性变化。但解决过去多年积累的大量环境问题绝非一朝一夕之功。要从根本上解决生态环境问题，必须平衡和处理好发展与保护的关系，加快推进绿色发展。

第一，优化国土空间开发保护格局。立足我国资源环境承载能力，通过发挥各地比较优势，逐步形成城市化地区、农产品主产区、生态功能区三大空间格局，优化重大基础设施、重大生产力和公共资源布局，形成主体功能明显、优势互补、高质量发展的国土空间开发保护新格局，这对我国在新时代、新发展阶段全面建设社会主义现代化国家，具有现实和长远的指导意义。

我国经济已由高速增长转向高质量发展阶段。高质量发展，不仅包括产业行业的高质量发展，也必须包括空间的高质量发展。实现空间的高质量发展，最基础的就是根据不同空间的资源环境承载能力，合理布局三大空间格局。城市化地区的主体功能是提供工业品和服务产品，要实行开发与保护并重的方针。开发主要是工业化城市化开发，保护主要是保护区域内生态环境和基本农田。要加快转变发展方式、优化经济结构、转换增长动力，优化空间结构、城镇布局、人口分布，加强基础设施互通互联，加快公共服务均等化，强化生态保护和环境治理，使之成为我国经济、人口以及创新资源高效集聚的地区，成为体现我国国家竞争力的主要区域，成为国内大循环为主体、国内国际双循环相互促进新发展格局的主体。农产品主产区的主体功能是提供农产品，要实行保护为主、开发为辅的方针。保护主要是保护耕地，禁止开发基本农田；开发主要是以增强农产品生产能力为目标的开发，而不是大规模高强度的工业化城市化开发。要保护并提高农产品特别是粮食综合生产能力，加强高标准农田建设，优化农业生产结构和布局，加快农业科技进步和创新，提高农业物质技术装备水平，创新发展新型农业经营主体，有序发展农产品深加工，实施好乡村振兴战略，完善乡村基础设施和公共服务体系，改善村庄人居环境，使之成为保障国家农产品安全的主体区域，农村居民安居乐业的美好家园。生态功能区的主体功能是提供生态产品，要实行保护为主、限制开发的方针。保护主要是保护自然生态系统；限制或禁止开发是限制或禁止大规模、高强度的工业化城市化开发，在某些生态功能区甚至要限制或禁止农牧业开发。要把保护修复自然生态系统、提供生态产品作为发展的首要任务，提供更多优质生态产品以满足人民日益增长的优美生态环境需要。要推进荒漠化、石漠化、水土流失统合治理，强化湿地保护和恢复，完善天然林保护制度，健全草原森林河流湖泊休养生息制度，构建生态廊道和生物多样性保护网络，提升生态系统质量和稳定性。要因地制宜发展不影响生态功能的文化旅游、适量农牧业、民族特色产业等，使之成为保障国家生态安全的重点区域，成为人与自然和谐共生的展示区。

第二，加快生产生活方式绿色转型。《建议》提出，要"促进经济社会发展全面绿色转型"。这是贯彻习近平生态文明思想，全面落实新发展理念，坚持生态优先、绿色发展，坚定走生产发展、生活富裕、生态良好的文明发展道路的重大部署，对建设美丽中国具有重要指导意义。全面绿色转型，就是要从经济社会的各个领域各个环节入手，综合施策，久久为功。

要加快推动绿色低碳发展。绿色发展代表了当今科技和产业变革方向，是最有前途的发展领域。加快建立绿色生产和消费的法律制度和政策导向，建立健全绿色低碳循环发展的经济体系。整体谋划新时代国土空间开发保护新格局，科学有序统筹布局生态、农业、城镇等功能空间。推动传统产业智能化、清洁化改造，促进生态环境与新兴产业融合，积极发展绿色金融，构建市场导向的绿色技术创新体系，构建清洁低碳、安全高效的能源体系，推动绿色新型基础设施建设。强化绿色发

展的法律和政策保障。要倡导简约适度、绿色低碳的生活方式，开展创建节约型机关、绿色家庭、绿色学校、绿色社区和绿色出行等行动。

要持续改善环境质量。深入打好污染防治攻坚战，增强全社会生态环保意识，抓紧解决突出环境问题。改善环境质量，需要改变传统生产模式和消费模式，推动质量变革、效率变革、动力变革。当前我国区域性、结构性污染问题依然突出，主要污染物排放量仍处于高位，环境质量特别是大气环境质量受自然条件变化影响较大，一些流域和地区水环境质量改善程度不高，土壤污染、危险废物、化学品等环境风险管控压力大。我们必须聚焦突出问题，抓重点、补短板、强弱项，以持续改善环境质量促进经济社会发展全面绿色转型，让绿色成为高质量发展的鲜明底色。

第三，提高资源利用效率，提升生态系统质量和稳定性。《建议》提出"十四五"时期，要"建设人与自然和谐共生的现代化"，强调要全面提高资源利用效率。这既是破解保护与发展突出矛盾的迫切需要，促进人与自然和谐共生的必然要求，更是事关中华民族永续发展和伟大复兴的重大战略问题。我们必须坚持"绿水青山就是金山银山"理念，坚持尊重自然、顺应自然、保护自然，坚持节约优先、保护优先、自然恢复为主，完善市场化、多元化补偿，推进资源总量管理、科学配置、全面节约、循环利用。

要健全自然资源资产产权制度和法律法规。开展全民所有自然资源所有权委托代理试点，加快建立健全全民所有自然资源资产管理体制。加快建立自然资源权利体系，推动国有森林、草原、农用地有偿使用改革取得进展。要加强自然资源调查评价监测和确权登记。加快建立以地下资源层、地表基质层、地表覆盖层和管理层为基础的自然资源调查监测体系，系统开展全国自然资源统一调查监测评价，查清我国土地、矿产、森林、草原、水、湿地、海域海岛等自然资源真实状况。全面推开自然资源统一确权登记。要建立生态产品价值实现机制。按照突出安全功能、生态功能，兼顾景观的次序，实行山水林田湖草系统治理，加强重要生态系统保护。完善生态保护补偿机制，鼓励探索有效吸引社会资金投入生态产品供给的政策措施、产权安排和运作模式。开展生态产品价值实现机制试点示范。要实施国家节水行动，建立水资源刚性约束制度。严格用水总量控制，加强水资源优化配置和统一调度，统筹生活、生产、生态用水，发挥水资源价格调节作用，大力推进农业、工业、城镇等领域节水。要提高海洋资源、矿产资源开发保护水平。科学合理有序开发海洋资源，编制实施海岸带保护和开发规划，健全海洋牧场建设标准，开展潮流能并网示范工程建设，积极推进海水淡化规模化应用示范，实施深海矿产开发重大科技专项。建立健全矿业节约集约技术规范标准体系。要完善资源价格形成机制。健全主要由市场决定价格的机制，最大限度减少政府对价格形成的不正当干预，加快建立健全充分反映市场供求和资源稀缺程度、体现生态价值和环境损坏成本的资源价格机制。推动餐厨废弃物、建筑垃圾、包装废弃物、农作物秸秆、电子垃圾等资源化利用和无害化处置，加强生活垃圾分类回收与再生资源回收体系的有机衔接，推进生产和生活系统循环链接，因地制宜推动工业生产过程协同处理生活废弃物。

人与自然是生命共同体。习近平总书记指出："当人类合理利用、友好保护自然时，自然的回报常常是慷慨的；当人类无序开发、粗暴掠夺自然时，自然的惩罚必然是无情的。"[1] 提升生态系统质量和稳定性，必须正确处理人与自然的关系，从改变自然、征服自然转向调整人的行为、纠正人的错误行为。要准确把握生态系统的完整性，正确认识山水林田湖草是一个生命共同体，加强生态系统保护，促进生态系统良性循

---

① 《习近平谈治国理政》第三卷，外文出版社 2020 年版，第 360 页。

环。要突出重点强化治理，补齐生态系统的短板，要全面实施监管，确保生态系统持续向好。

Sec. 5 第五节 民生福祉达到新水平

增进民生福祉是发展的根本目的。人民群众期盼更稳定的工作、更满意的收入、更好的教育、更高水平的医疗卫生服务、更可靠的社会保障。为了不断满足人民对美好生活的新期盼，必须坚持以人民为中心的发展思想，坚持发展为了人民、发展依靠人民、发展成果由人民共享。

第一，实现更加充分更高质量就业。就业是最大的民生。我国有14亿人口、9亿劳动力，解决好就业问题，始终是经济社会发展的一项重大任务。坚持经济发展就业导向，就是要在宏观政策上坚持就业优先。坚持实施以稳定和扩大就业为基准的宏观调控，切实把就业指标作为宏观调控取向调整的依据，推动财政、金融、投资、消费、产业等政策聚力支持就业。扩大就业容量、提升就业质量就要突出就业带动效应，推动实现更充分更高质量就业。在以畅通国民经济循环为主构建新发展格局过程中，优先发展吸纳就业能力强的行业产业；在实现新驱动的内涵型增长过程中，培育就业新增长极，推动劳动者实现体面劳动；在深化改革、推进高水平对外开放过程中，激发市场主体活力，稳定岗位、扩大就业。健全就业服务体系，就是要在已有的基础上，针对新形势新要求，持续打造覆盖全民、贯穿全程、辐射全域、便捷高效的全方位就业公共服务体系，满足社会求职招聘创业等多方面的需求。注重缓解结构性就业矛盾，就要以提升劳动者技能水平、能力素质为核心，紧贴社会、产业、企业、个人发展的需求，加快推进技能人才发展。完善重点群体就业支持体系，就要采取更加有效的举措、更加有力的工作，分类帮扶，因人施策，全力以赴抓好重点就业群体就业工作。要着力做好高校毕业生等青年就业工作，积极促进农民工就业，扎实做好退役军人就业工作，健全困难群体就业援助制度。

第二，居民收入增长和经济增长基本同步。收入分配是民生之源，是改善民生、实现发展成果由人民共享最重要最直接的方式。要坚持按劳分配为主、多种分配形式并存，通过健全完善三次分配机制、改善收入和财富根本格局，努力实现居民收入增长和经济增长同步、劳动报酬和劳动生产率提高同步，实现提高人民收入水平，促进经济行稳致远和社会安定和谐。要坚持共同富裕方向，多措并举拓展居民收入增长渠道，既要提高劳动报酬在初次分配中的比重，健全工资合理增长机制，着力提高低收入群体收入，扩大中等收入群体；又要健全各类生产要素由市场决定报酬机制，探索通过土地、资本等要素使用权、收益权增加中低收入群体要素收入，多渠道增加城乡居民财产性收入；还要不断完善再分配机制，加大税收、社保、转移支付等调节力度和精准性，改善收入和财富分配格局。

第三，建设高质量教育体系。教育事关国家发展和民族未来的千秋基业。要深入贯彻习近平总书记关于坚守为党育人、为国育才的总体要求，全面贯彻党的教育方针，坚守马克思主义指导地位，坚持中国特色社会主义教育发展道路，坚持社会主义办学方向。要坚持以人民为中心发展教育事业，使教育事业为提高人民思想道德素质、科学文化素质和身心健康提供可靠保证。建设高质量教育体系要健全学校家庭社会协同育人机制，提升教师教书育人能力素质，增强学生文明素养、社会责任意识、实践本领，重视青少年身体素质和心理健康教育。要深化教育改革，促进教育公平，推进义务教育均衡发展和城乡一体化，完善普惠性

学前教育和特殊教育、专门教育保障机制，鼓励高中阶段教育学校多样化发展。要增强职业技术教育适应性，深化职普融通、产教融合、校企合作，探索中国特色学徒制，大力培养技术技能人才。要提高高等教育质量，分类建设一流大学和一流学科，加快培养理工农医类专业紧缺人才。要发挥在线教育优势，完善终身学习体系，建设学习型社会。

第四，卫生健康体系更加完善。健康是广大人民群众的期盼和追求，维护人民群众健康既是我们党性质和宗旨的重要体现，也是经济社会发展的基本条件。深入实施健康中国行动，要普及健康知识，引导人们养成良好的生活行为和方式。要实施国民营养计划，突出抓好中小学健康促进，加快实施妇幼健康促进、职业健康保护、老年健康促进等专项行动。完善重大疾病防治服务保障机制，继续实施国家扩大免疫规划，加强重点传染病防控，控制和消除地方病危害。加强全民健身公共服务体系建设，推进新一轮全民健身计划。要深化医药卫生体制改革。推进国家组织药品和耗材集中采购使用改革，加快建设分级诊疗体系，推广远程医疗，优化医疗卫生资源布局。深化医疗保障制度改革，健全重大疾病医疗保险和救助制度。积极促进健康与养老、旅游、互联网、健身休闲、食品融合发展，支持社会力量在医疗资源薄弱区域和康复、护理、精神卫生等短缺专科领域举办非营利性医疗机构。要构建强大的公共卫生体系。改革和强化疾病预防控制体系，优化疾控机构职能设置，理顺体制机制，加强人才队伍建设，改善疾控基础条件，提高疾病预防处置能力。要抓住机遇，深化中医药管理体制机制改革，促进中医药传承创新，推动中医药事业和产业高质量发展。要积极应对人口老龄化。加快构建居家社区机构相协调、医养康养相结合的养老服务体系，完善上门医疗卫生服务政策，推动医疗服务向社区、家庭延伸。健全医疗卫生机构与养老机构合作机制，支持社会力量兴办医养结合机构。

第五，实现巩固拓展脱贫攻坚成果与乡村振兴战略全面推进。习近平总书记强调，脱贫摘帽不是终点，而是新生活、新奋斗的起点。巩固脱贫攻坚成果，要健全防止返贫监测和帮扶机制，做好易地扶贫搬迁后续帮扶工作，加强就业产业扶持和后续配套设施建设，加强扶贫项目资金资产管理和监督，推动特色产业可持续发展，注重扶贫产业长期培育，扩大支持对象，延长产业链条，抓好产销衔接。要保持财政投入力度总体稳定，在持续巩固脱贫攻坚成果的基础上，推进脱贫摘帽地区乡村产业、人才、文化、生态、组织等全面振兴。要坚持和完善东西部协作和对口支援、社会力量参与帮扶等机制，进一步优化结对帮扶关系和协作帮扶方式。要健全农村社会保障和救助制度，以现有社会救助和社会保障体系为基础，健全农村低收入人口分类帮扶机制。

Sec. 6 第六节 国家治理效能得到新提升

中国特色社会主义制度具有强大生命力和显著优势，是当代中国发展进步的根本保证。进入新发展阶段，必须与时俱进坚持和完善中国特色社会主义制度、推进国家治理体系和治理能力现代化。

第一，推进中国特色社会主义政治制度自我完善和发展。中国特色社会主义政治发展道路，是近代以来中国人民长期奋斗历史逻辑、理论逻辑、实践逻辑的必然结果。要始终坚持党的领导、人民当家作主、依法治国有机统一，发展更加广泛、更加充分、更加健全的人民民主，实行民主选举、民主协商、民主决策、民主管理、民主监督。始终坚持和完善中国共产党领导这一根本领导制度，人民代表大会制度这一根本政治制度，中国共产党领导的多党合作和政治协商制度、民族区域自治制

度、基层群众自治制度的基本政治制度，马克思主义在意识形态领域指导地位的根本制度。始终坚持全面依法治国，建设中国特色社会主义法治体系，建设社会主义法治国家，依法维护人民权益、维护社会公平正义、维护国家安全稳定，坚决维护国家法制统一、尊严、权威。始终坚持以保证人民当家作主为根本，以增强党和国家活力、调动人民积极性为目标，积极稳妥推进政治体制改革，推进中国特色社会主义制度不断实现自我完善和发展、永葆生机和活力。

第二，社会治理水平明显提高。《建议》提出国家行政体系更加完善，政府作用更好发挥，这为全面加强政府建设，完善国家行政体系指明了方向，提供了行动指南。要优化政府职责体系，理顺部门职责关系，不断完善政府经济调节、市场监管、社会管理、公共服务、生态环境保护等职能。要坚持以人民为中心的发展思想，不断优化政府服务，创造良好发展环境，抓住人民最关心、最直接、最现实的利益问题，大力保障和改善民生，促进社会公平正义。要推进政府机构、职能、权限、责任法定化，推进各级政府事权规范化、法律化，强化对行政权力的制约和监督，进一步提高政府工作人员依法行政能力，做到法定职责必须为、法无授权不可为，坚决纠正不作为、乱作为，坚决克服懒政、怠政。

推进社会治理现代化，要发挥党委总揽全局、协调各方的领导作用，加强对社会治理工作的领导，及时研究解决社会治理重大问题。发挥党委政法委在平安建设中的牵头抓总、统筹协调、督办落实等作用，调动各部门各单位参与社会治理积极性。发挥基层党组织战斗堡垒作用，构建党组织领导的区域统筹、条块协同、共建共享的基层社会治理新格局。要加强和创新社会治理，明确各级党委和政府的职能定位、充分发挥各层级的重要作用，努力打造权责明晰、高效联动、上下贯通、运转灵活的社会治理指挥体系。要建立健全富有活力和效率的新型基层治理体系，构建网格化管理、精细化服务、信息化支撑、开放共享的基层管理服务平台，实现矛盾纠纷联调、社会治安联防、突出问题联治。

第三，不断健全防范化解重大风险体制机制。《建议》提出，要增强全民国家安全意识，巩固国家安全人民防线。当前我国转向高质量发展阶段，制度优势显著，经济长期向好，社会大局稳定，国家安全总体形势是好的。但同时也要看到，当今世界正经历百年未有之大变局，我国又面临复杂多变的安全和发展环境，各种可以预见和难以预见的风险因素明显增多，传统安全威胁和非传统安全威胁相互交织。虽然我们已在新冠肺炎疫情防控方面取得重大战略成果，国内形势持续向好，但疫情在全球大流行带来的不确定因素增加，国外敌对势力的各种渗透和网络攻击依然存在。因此，我们要遵照习近平总书记关于"增强忧患意识，防范风险挑战要一以贯之"的重要指示要求，通过持之以恒、行之有效的国家安全教育，促进全体人民牢固树立"国家安全无小事"的观念和意识，全面推动总体国家安全观入脑入心，营造维护国家安全人人有责的社会氛围，夯实国家安全的社会基础。要确保国家经济安全。进一步加大经济安全风险预警机制建设力度，完善经济风险防控体系，加强经济安全保障能力建设。

Sec. 7 第七节 全面把握 2035 年远景目标

《建议》对我国全面建成小康社会、实现第一个百年目标之后，乘势而上开启全面建设社会主义现代化国家新征程、向第二个百年奋斗目标做作出了战略部署，明确了建设社会主义现代化国家的时间表、路线

图，是指导今后一个时期国民经济和社会发展的纲领性文件。我们要准确把握新时代中国特色社会主义发展的战略安排，坚定朝着 2035 年基本实现社会主义现代化宏伟目标而努力奋斗。

第一，大幅提升经济实力、科技实力、综合国力。从 2020 年到 2035 年，经过未来 15 年的奋斗，我国经济实力、科技实力、综合国力将大幅跃升，社会生产力、国际竞争力、国际影响力将迈上新的大台阶，经济发展由数量和规模扩张向质量和效益提升转变，从经济大国迈向经济强国。城乡居民人均收入迈上新的大台阶，实现居民收入与经济同步增长，劳动生产率与劳动报酬同步提高。坚持走中国特色自主创新道路，深入实施创新驱动发展战略，创新在现代化建设全局中居于核心地位，关键核心技术实现重大突破，实现关键核心技术自主可控，进入创新型国家前列。

第二，基本实现"新四化"，建成现代化经济体系。到 2035 年基本实现新型工业化、信息化、城镇化、农业现代化的"新四化"目标，建成现代化经济体系。从制造大国迈向制造强国，形成若干世界级先进制造业集群，产业链供应链现代化水平大幅提升。互联网、大数据、人工智能和实体经济深度融合，形成一批具有国际竞争力的数字产业集群，大幅提升公共服务、社会治理等领域数字化智能化水平。基本形成以城市群为主体、大中小城市和小城镇协调发展的城镇化格局，基本实现以人为核心的新型城镇化。全面推进乡村振兴战略，使乡村振兴取得决定性进展，基本实现农业农村现代化。转变发展方式、优化经济结构、转换增长动力，建成现代化经济体系，制造强国、质量强国、网络强国、数字中国建设取得明显成效，实现产业基础高级化、产业链现代化。

第三，基本实现国家治理体系和治理能力现代化。按照党的十九大、党的十九届四中全会关于坚持和完善中国特色社会主义制度、推进国家治理体系和治理能力现代化的战略部署，到 2035 年实现国家制度建设和治理能力建设目标，使中国特色社会主义制度的根本制度、基本制度、重要制度等各方面制度都更加完善。人民当家作主制度体系更加健全，人民民主更加充分发展，人民平等参与、平等发展权利得到充分保障，人民积极性、主动性、创造性进一步发挥。全面落实依法治国，到 2035 年基本建成法治国家、法治政府、法治社会，形成完备的法律规范体系、高效的法治实施体系、严密的法治监督体系、有力的法治保障体系，形成科学立法、严格执法、公正司法、全民守法的良好格局。

第四，建成文化强国、教育强国、人才强国、体育强国、健康中国。到 2035 年建成文化强国、教育强国、人才强国、体育强国、健康中国，这是基本实现社会主义现代化远景目标的重要内涵。要坚持马克思主义在意识形态领域的指导地位，培育和践行社会主义核心价值观，加强思想道德建设，加强爱国主义、集体主义、社会主义教育，提高全体人民的文化自信、文化自觉和文化凝聚力，增强国家文化软实力，进一步提升中华文化影响力，建成社会主义文化强国。到 2035 年我国将总体实现教育现代化，成为学习大国、人力资源强国，国民思想道德素质、科学文化素质明显提高，社会文明程度达到新高度，人民身体素养和健康水平、体育综合实力和国际影响力居于世界前列，建成与社会主义现代化国家相适应的健康国家。

第五，实现人与自然和谐共生的现代化。到 2035 年基本实现美丽中国建设目标，广泛形成绿色生产生活方式，生态环境根本好转。广泛形成绿色生产生活方式，建立清洁低碳和安全高效的能源体系，基本建立绿色低碳循环发展的经济体系。生态环境质量实现根本好转，大气、水、土壤等环境状况明显改观，生态安全屏障体系基本建立，生产空间安全高效、生活空间舒适宜居、生态空间山青水碧的国土开发格局形成并不断提升。森林、河湖、湿地、草原、海洋等自然生态系统质量和稳

定性明显改善。积极发挥我国在应对全球气候变化中的重要作用，碳排放总量在 2030 年前达到峰值后稳中有降。

第六，形成对外开放新格局。坚定不移实施对外开放基本国策，奉行互利共赢的开放战略，遵守和维护世界贸易规则体系，推动经济全球化朝着更加开放、包容、普惠、平衡、共赢的方向发展。全面提高我国对外开放水平，建设更高水平开放型经济新体制，共建高质量"一带一路"，形成对外开放新格局，参与国际经济合作和竞争新优势明显增强。由贸易大国迈向贸易强国，优化贸易结构，实行高水平贸易和投资自由化便利化政策，完善外商投资准入前国民待遇加负面清单管理制度，打造市场化、法治化、国际化营商环境。创新对外投资方式，促进国际产能合作，形成面向全球的贸易、投资生产、服务网络，打造自由贸易试验区、自由贸易港等对外开放高地。

第七，人均国内生产总值达到中等发达国家水平，城乡区域差距明显缩小。到 2035 年人均国内生产总值达到中等发达国家水平，成功跨越中等收入陷阱，迈向更高收入阶段水平。扩大中等收入群体，形成橄榄型分配格局，实现经济社会持续健康发展。实现基本公共服务均等化，确保基本公共服务覆盖全民、兜住底线、均等享有。完善城乡融合发展体制机制，增强区域发展的协同性整体性，缩小城乡区域发展差距。

第八，建设更高水平的平安中国，基本实现国防和军队现代化。到 2035 年平安中国建设将达到更高水平，进一步完善我国党委领导、政府负责、民主协商、社会协同、公众参与、法治保障、科技支撑的社会治理体系，提升社会治理能力，完善共建共治共享的社会治理制度。坚持政治建军、改革强军、科技强军、人才强军、依法治军，全面推进军事理论、军队组织形态、军事人员、武器装备现代化，加快机械化、信息化、智能化融合发展，全面加强练兵备战，确保到 2035 年基本实现国防和军队现代化，到本世纪中叶把人民军队全面建成世界一流军队。

第九，全体人民共同富裕取得更为明显的实质性进展。实现共同富裕是中国特色社会主义的根本原则，是我们党的重要使命。到2035年人民生活将更加美好、更加幸福，有更好的教育、更稳定的工作、更满意的收入、更可靠的社会保障、更高水平的医疗服务、更舒适的居住条件、更优美的环境、更丰富的精神文化生活。我们要在不断发展的基础上促进社会公平正义，把不断做大的"蛋糕"分好，让改革发展成果更多更公平惠及全体人民，促进人的全面发展，朝着实现全体人民共同富裕迈出坚实步伐。

第五章

新发展环境呈现了国内国外的深刻变化

习近平总书记在《关于〈中共中央关于制定国民经济和社会发展第十四个五年规划和二〇三五年远景目标的建议〉的说明》中指出，"全面建成小康社会后，我们将开启全面建设社会主义现代化国家新征程，我国发展环境面临深刻复杂变化，发展不平衡不充分问题仍然突出，经济社会发展中矛盾错综复杂，必须从系统观念出发加以谋划和解决，全面协调推动各领域工作和社会主义现代化建设"。当前和今后一个时期，要确保社会主义现代化事业顺利推进，必须对我国发展阶段、发展环境、发展条件等方面的变化作出综合研判，科学应对各种风险挑战，下好先手棋、打好主动仗。

Sec. 1 第一节　深刻认识我国社会主要矛盾变化呈现的新特征

2017 年，党的十九大报告明确指出，中国特色社会主义进入新时代，我国社会主要矛盾已经转化为人民日益增长的美好生活需要和不平衡不充分的发展之间的矛盾。习近平总书记在党的十九届五中全会上再次强调，"当前，我国社会主要矛盾已经转化为人民日益增长的美好生活需要和不平衡不充分的发展之间的矛盾，发展中的矛盾和问题集中体现在发展质量上"[①]。进入新发展阶段，人民美好生活需要日益广泛，不仅对物质文化生活提出了更高要求，而且在民主、法治、公平、正义、安全、环境等方面有了新期待，主要体现在以下四个方面。

第一，物质文化消费持续升级。国家统计局数据显示，改革开放以来，我国城镇和农村居民人均可支配收入持续增加，居民生活水平有了明显改善，城镇和农村居民恩格尔系数分别从 1978 年的 57.5%、67.7% 下降到 2019 年的 27.6%、30.0%[②]。恩格尔系数不断降低，食品支出占总消费支出的比例越来越小，城乡居民逐步由原来的吃穿消费向发展和享受型消费转变，"消费升级"成为高频词。"消费升级"一般指消费结构的升级，即各类消费支出在消费总支出中的结构升级和层次提高，它直接反映了消费水平和发展趋势。苏宁金融研究院（SIF）和中国人民大学国际货币研究院（IMI）联合发布的《中国居民消费升级

---

① 习近平：《关于〈中共中央关于制定国民经济和社会发展第十四个五年规划和二〇三五年远景目标的建议〉的说明》，《人民日报》2020 年 11 月 4 日。

② 国家统计局：《中华人民共和国 2019 年国民经济和社会发展统计公报》，http：//www. stats. gov. cn/tjsj/zxfb/202002/t20200228_ 1728913. html。

报告（2019）》指出，人们在医疗保健、教育文化娱乐、交通通信等领域的消费品质，均呈现出颇为明显的升级优化态势。中产人群已成为国人品质消费的重要动力，这部分人群对于生活的需求不再局限于过往对于物质层面的追求，消费理念从"越便宜越好"转变为"满足自身情感需求的消费"，并且购物时越来越忽视奢侈品品牌的价值，偏向于高性价比、高质量商品①。近年来，我国把推动消费升级作为促进经济平稳健康发展的重中之重，专门出台了《中共中央 国务院关于完善促进消费体制机制 进一步激发居民消费潜力的若干意见》等政策文件，着力扩大消费规模，提高消费水平，改善消费结构，取得积极成效。但由于重点领域关键环节改革有待深化、创新能力欠缺等原因，品质消费品供给水平总体不高，尤其是旅游、教育、家政、养老、医疗保健等方面的供给能力不足；消费成本居高不下，食宿、物流、人工等方面成本占比大；消费环境有待进一步改善，社会信誉缺失情况较普遍、网络购物纠纷处理难度较大等问题依然突出，居民消费升级需求尚未得到有效满足。

第二，民主法治期望不断提高。改革开放极大地提高了人们的物质文化生活水平，而人们生活条件改善后，民主法治等政治性需求就越来越多。特别是随着社会主义市场经济的深入发展，人们更加要求程序平等、公平竞争，要求尊重企业和个人的主体地位、自主性，要求以健全完善的法规制度保护个人合法财产、维护良好市场环境。因此，人们在民主法治方面的期望越来越多、越来越高，不仅更加关注国家民主法治方面的重大决策部署，而且积极参与具体领域的民主法治建设进程，希望通过充分行使知情权、参与权、表达权和监督权，维护和实现自身在民主法治方面的权益。近年来，行政诉讼越来越普遍，在一定程度上反

---

① 苏宁金融研究院：《中国居民消费升级报告：小镇青年比城市居民更有购买力》，http：// sif. suning. com/article/detail/1575284012308。

映了这一趋势。比如，2019 年云南全省法院新收一、二审行政案件 6556 件，案件数量几乎是 2013 年的 4 倍。与此同时，行政机关败诉率为 25.61%，同比上升 7.29%。全省法院新收一审行政案件主要集中在城建、资源、公安、劳动和社会保障领域①。《2019 年度青海省法院行政案件司法审查报告》也显示，2019 年青海省法院共受理各类行政案件 1746 件，同比增长 15.6%。审结的 679 件一审案件中，判决行政机关败诉 145 件，败诉率为 21.35%。行政机关败诉案件主要集中于规划、拆迁、房屋登记等城建管理领域，占比达 78%②。由此可见，"民告官"已成常态，这一方面说明在党和国家大力推进全面依法治国的大背景下，人们民主法治观念持续强化；另一方面也说明国家治理体系和治理能力现代化还有很长的路要走，特别是社会治理方面还存在一些短板，行政机关依法行政意识、依法行政能力有待增强，我国的民主法治进程还需要在层次上由低到高、在范围上由窄到宽、在程序上由粗放到精细，不断进步提升。

第三，公平正义要求更加迫切。1981 年，党的第十一届六中全会将我国社会的主要矛盾概括为"人民日益增长的物质文化需要同落后的社会生产之间的矛盾"。随后，我们将主要精力放在解决"落后的社会生产"上，不管是坚持以经济建设为中心，还是强调效率优先、兼顾公平，主要目的都是为了解放和发展生产力，努力"把蛋糕做大"，推动经济社会跨越式发展。这一过程中，从党和国家作重大决策，到人民群众日常工作生活，很多时候都是优先考虑经济因素、效率问题。进入新时代，我国社会主要矛盾转化后，要解决好不平衡不充分的发展问

---

① 《2019 年度云南法院行政审判白皮书发布 城镇拆迁案件居高不下 行政机关败诉率上升》，《云南日报》2020 年 6 月 15 日。

② 《青海 2019 年度行政审判白皮书：行政机关败诉率为 21.35%》，中国新闻网 2020 年 5 月 20 日，https://www.chinanews.com/gn/2020/05-20/9189787.shtml。

题、提高发展质量，我们仍然需要以经济建设为中心，继续努力"把蛋糕做得更大些"，同时更加注重如何"把蛋糕切得更整齐均匀"，这里面就蕴含着公平正义的要求。公平正义是现代社会的基本标志，也是我们党追求的一个非常崇高的价值。党的十八大以来，以习近平同志为核心的党中央高度重视维护和促进社会公平正义，比如，习近平总书记2018年12月10日致信纪念《世界人权宣言》发表70周年座谈会强调，要秉持和平、发展、公平、正义、民主、自由的人类共同价值，维护人的尊严和权利。近年来，中央依法纠正一批重大冤假错案，深入开展扫黑除恶专项斗争，让公平正义的阳光照进人民心田。但是，在现实生活中还存在一些有违公平正义的现象，农民工欠薪问题时有发生，"炫富"与"仇富"、"炫权"与"仇官"等事件频频出现，这提醒我们，现阶段体制机制还存在不健全、不完善的地方，实现机会公平、过程公平和结果公平，以及社会正义、政治正义和法律正义还有很长的路要走，维护和促进公平正义仍是我国在现阶段不得不面对的重大课题。

第四，安全和环境需要日益增长。2014年11月10日，习近平总书记在APEC（亚太经合组织）欢迎宴会上致辞时表示："有人说，现在北京的蓝天是APEC蓝，美好而短暂，过了这一阵就没了，我希望并相信通过不懈的努力，APEC蓝能够保持下去。""我们正在全力进行污染治理，力度之大，前所未有，我希望北京乃至全中国都能够蓝天常在，青山常在，绿水常在，让孩子们都生活在良好的生态环境之中，这也是中国梦中很重要的内容。"[①] 习近平总书记的这段话生动形象地表达了现阶段人们对良好生态环境的渴望。人们对美好生活的需要，不仅仅包括吃饱穿暖等低层次需求，还包括更干净的水、更清新的空气、更安全的食品、更优美

---

① 《习近平在APEC欢迎宴会上的致辞》，新华网2014年11月11日，http：//www．xinhua-net．com//world/2014-11/11/c_1113191112．htm。

的环境等。近年来，我们深入贯彻习近平生态文明思想，牢固树立"绿水青山就是金山银山"的理念，坚决打好污染防治攻坚战和蓝天碧水净土保卫战，生态环境质量持续改善，人民群众的获得感、幸福感、安全感不断增强。但相对于物质产品供给，安全和生态环境方面的供给仍然属于"稀缺产品"，尚不能满足人民群众不断增长的需求。比如，空气质量方面，生态环境部发布《2019 中国生态环境状况公报》显示，2019 年全国 337 个地级及以上城市中，157 个城市环境空气质量达标，占全部城市数的 46.6%；180 个城市环境空气质量超标，占 53.4%[①]。打赢蓝天保卫战仍然任重道远。农村人居环境方面，中共中央办公厅、国务院办公厅 2018 年 2 月印发《农村人居环境整治三年行动方案》，着力推进农村生活垃圾治理，开展厕所粪污治理，梯次推进农村生活污水治理，提升村容村貌，加强村庄规划管理，完善建设和管护机制[②]，进一步提升农村人居环境水平，取得积极进展。但是，农村生活垃圾分类和资源化利用程度低、大量生活污水放任自流、民间古建筑保护现状堪忧等问题仍不时见诸报端，望得见山、看得见水、记得住乡愁，还需付出更大努力。

Sec. 2 第二节 科学研判错综复杂国际环境带来的新挑战

习近平总书记反复强调，国际经济、科技、文化、安全、政治等格局都在发生深刻调整，世界进入动荡变革期。今后一个时期，我们将面

---

① 生态环境部：《2019 中国生态环境状况公报》，http://www.mee.gov.cn/hjzl/sthjzk/zghjz-kgb/202006/P020200602509464172096.pdf。

② 《中共中央办公厅 国务院办公厅印发〈农村人居环境整治三年行动方案〉》，中国政府网，2018 年 2 月 5 日，http://www.gov.cn/zhengce/2018-02/05/content_ 5264056.htm。

对更多逆风逆水的外部环境，必须做好应对一系列新的风险挑战的准备。国际金融危机爆发以来，世界经济复苏乏力。据统计，2012—2016年，世界经济年均增速仅为2.6%[①]。受经济增长持续低迷影响，各国之间、国家内部各阶层之间矛盾凸显，国际环境不稳定性不确定性明显增加，我国经济社会发展面临诸多不利影响。

第一，中美摩擦短期难以缓解。美国政府故意在经济、文化、科技、教育等领域制造摩擦，对中美两国经济社会发展造成很大损害。美国对中国输美商品加征关税，由最初的340亿美元到2000亿美元，再到3000亿美元，关税征收范围不断扩大，税率也相应提升。商务部推演测算，如果美国对全部中国输美商品加征关税，中国对美国年出口额最多可能下降1600亿美元。中美贸易摩擦不仅干扰了中美正常贸易活动，而且打破了业已形成的全球价值链、产业链、供应链，对世界经济产生巨大的不良影响，许多国家的贸易都因紧张的中美贸易摩擦而有所下降。有专家分析指出，美国加征关税会使全球GDP下降0.5个百分点，损失额约达到4550亿美元，这对本就增速放缓、风险增大的世界经济非常不利[②]。此外，为了遏制中国高科技企业发展，美国政府以中兴通讯曾向美国官员作虚假陈述为借口，禁止中兴通讯向美国企业购买敏感产品；联合英国、加拿大、澳大利亚、新西兰等"五眼联盟"和"D10联盟"国家，以安全问题为由，将华为排除在5G网络建设之外，禁止华为采用任何来自美国的零件和技术来生产产品，竭力封杀华为在5G技术上的领先优势。2020年5月22日，美国商务部以参与政府活动或牵涉中国军方为名，将云天励飞、云从科技、东方网力、奇虎360、北京云计算中心、深网视界等33家中国企业、机构以及个人列入"实

① 倪月菊：《中国经济保持中高速增长的原因》，《人民日报（海外版）》2017年11月1日。
② 仇莉娜：《中美经贸摩擦对中国经济影响可控》，《经济日报》2019年8月7日。

体清单",将封杀范围扩大到人工智能、大数据、云计算等领域。美国政府还一度试图封杀移动应用程序抖音海外版（TikTok）和微信。这种泛化国家安全概念、滥用国家力量、无理打压特定中国企业的行为，违背市场经济原则，也违反世贸组织开放、透明、非歧视原则，是赤裸裸的霸凌行径。中美摩擦的根源在于，美国不能容纳一个经济实力、国际影响力强大的中国，意图通过遏制手段阻止中国崛起。这也就意味着，在中国经济社会持续发展、综合国力不断增强的情况下，美方的遏制不会停止，中美之间的各种摩擦短期内仍将存在。

第二，经济全球化遭遇逆流。世贸组织报告显示，影响国际贸易的非关税措施日益成为各国贸易政策的武器，落实这些复杂且不透明的非关税措施需耗费大量资源，导致进出口企业经营成本大涨，并加大了国家间物流难度。2019 年全球非关税措施已激增至 5 万多个，影响 90% 的世界贸易，已成为全球贸易谈判的中心问题[1]。特别是以美国为代表的少数国家，奉行单边主义，以所谓"公平贸易"为核心诉求，推动新一轮贸易保护主义，违反国际贸易准则，破坏多边贸易体制，挑起与包括中国在内的多国经贸摩擦。2018 年 11 月 30 日，在美国的强大压力下，美国、墨西哥、加拿大三国领导人签署《美国—墨西哥—加拿大协定》，替代已经施行了 24 年的《北美自由贸易协定》。新版协定使美国农产品获得更多加拿大市场准入，鼓励汽车制造商在美国或加拿大扩大投资，要求 40% 的汽车零部件需要在时薪不低于 16 美元的地区生产，旨在排除人工成本较低的墨西哥[2]。新版协定还规定，如果该协定中任一成员国要与"非市场经济国家"达成自贸协议，必须提前 3 个

---

[1] 《全球贸易低迷不振来年机遇挑战并存——2019 年国际贸易回顾与展望》，《经济日报》2019 年 12 月 25 日。

[2] 《美墨加三国领导人在阿根廷签署新版贸易协定》，新华网 2018 年 12 月 2 日，http：// www.xinhuanet.com/world/2018-12/02/c_ 1210006785. htm。

月通知其他成员国，而其他成员国可以在6个月后退出并建立其自己的双边贸易协定，该条款被舆论认为剑指中国①。此外，英国脱欧给全球贸易前景蒙上阴影。2020年1月31日，英国正式"脱欧"，结束其47年的欧盟成员国身份，进入为期11个月的过渡期。在欧盟框架内，中英两国经济联系密切，中国将英国视为商品、资本进入欧洲市场的重要桥头堡和优先目的地，伦敦也是除香港外的最大人民币境外交易中心。英国脱欧后，中国会失去一个在欧盟内部推动中欧自由贸易的重要力量，增加未来中欧贸易谈判的难度。同时，英国与欧盟关系疏远后，可能更多转向美国，对包括经贸关系在内的中英关系产生不利影响。

第三，周边安全局势依然严峻。国际上一些坚持冷战思维、不愿意看到中国发展强大的势力，千方百计地利用我国与周边国家存在的矛盾分歧做文章，试图建立防范围堵中国的网络。我国面临来自不同方向的安全压力，周边安全形势仍然复杂严峻。比如，美国加强在南海军事部署和有关活动。2020年7月13日，美国国务卿蓬佩奥发表声明称，中国在南海许多主张没有国际法依据，敦促相关国家反对中国的海洋权利主张。7月28日，外交部发言人汪文斌在例行记者会上表示，根据公开报道，上半年美军机在南海活动多达2000多次。7月15日至28日，美军机连续12天抵近南海侦察。11月下旬，美国总统国家安全事务助理罗伯特·奥布莱恩访问越南期间，又恶意炒作南海和湄公河问题，发表攻击中国言论。这些军事和外交行为违反了美国作出的在南海领土主权问题上不持立场的承诺，暴露了美方的"霸权心态"，对中国和周边国家维护南海和平稳定的努力造成很大破坏。又如，印度采取非法越线

---

① 《商务部回应美墨加贸易协定有关条款：建自贸区不应搞排他主义》，新华网2018年10月11日，http://www.xinhuanet.com/world/2018-10/11/c_ 1123546787.htm。

行动。2020年以来，印度民族主义者通过非法跨越实际控制线的方式，刻意挑起中印领土争端。6月15日，印军在加勒万河谷越线非法活动，对中方人员进行挑衅攻击，导致双方边防部队发生严重肢体冲突，造成人员伤亡。9月7日，印军非法越线进入中印边境西段班公湖南岸神炮山地域，在行动中悍然鸣枪威胁，中国边防部队被迫采取应对措施稳控局势。作为受疫情影响最严重的国家之一，印度非法越线既有转移疫情恶化、经济衰退引发国内矛盾的考虑，也有个别国家推行"印太战略"、暗中怂恿支持等原因。这种行径严重侵犯中方领土主权，严重违反两国相关协定协议和重要共识，严重破坏中印边境地区和平安宁，严重损害两军关系和两国人民感情。此外，2020年11月17日，日本和澳大利亚宣布，已就签署《互惠准入协定》基本达成一致，这份协定将允许两国武装力量在对方国家进行训练。有分析指出，日澳强化军事合作将给亚太地区带来更多不稳定因素，威胁地区和平与安全，对地区地缘政治走向产生较大负面影响。

第四，全球性问题不断加剧。人口、环境、资源、恐怖主义、核安全等一些超越国家和地区界限的全球性问题，也在影响着整个人类社会的生存和发展。比如人口问题。联合国《2019年世界人口展望》称，全球人口老龄化正在加剧，2050年全球65岁以上人口占比将达到16%，其中西亚和北非、中亚和南亚、东亚和东南亚、拉丁美洲和加勒比地区的老龄人口估计将翻一番；欧洲和北美老龄人口占比可能会达到1/4，人口老龄化将给各国的社会保障系统带来压力。① 我国人口老龄化问题也日益突出，民政部预测，"十四五"期间，我国老年人口将突破3亿，将从轻度老龄化迈入中度老龄化。5～10年后，第一代独生子

① 《联合国报告：2030年全球人口将达85亿》，中国新闻网2019年6月18日，https://www.chinanews.com/gj/2019/06-18/8867541.shtml。

女父母将进入中高龄，我国将迎来一波养老照护的浪潮，养老服务将受到很多的挑战和考验。① 又如能源安全问题。包括能源的供给安全、价格安全、运输安全和能源消费的环境安全等在内的能源安全问题，是影响各国可持续发展及世界和平稳定的战略性问题。我国是世界能源生产第一大国，形成了煤、油、气、核、新能源和可再生能源多轮驱动的多元供应体系；同时，我国也是能源消费大国，是世界最大的原油进口国和天然气进口国。2019 年，我国原油进口量 50572 万吨，增长 9.5%，石油对外依存度达 70.8%；天然气进口量 9660 万吨，同比增长 6.9%，对外依存度达 43%。② 一方面，我国石油和天然气运输大多需要通过马六甲海峡，该通道一旦阻塞可能造成中国能源供应危机。另一方面，我国缺乏能源定价权，在石油和天然气贸易中处于不利位置。特别是北美"页岩气革命"的成功，可能对世界能源格局和我国能源安全带来不可估量的影响。再如粮食安全问题。联合国粮食及农业组织、国际农业发展基金、联合国儿童基金会、联合国世界粮食计划署和世界卫生组织联合发布的《世界粮食安全和营养状况》显示，2019 年全球有近 6.9 亿人遭受饥饿，与 2018 年相比增加 1000 万人，与 5 年前相比增加近 6000 万人。该报告预测，在全球范围内，由于新冠肺炎疫情引发的经济衰退，2020 年饥饿人数至少新增约 8300 万，甚至可能新增 1.32 亿。③ 我国粮食供给比较充裕，在国家强农惠农政策扶持下，近几年粮食每年总产量均超过 1.3 万亿斤，人均粮食占有量接近 500 公斤，明显超过人均 400 公斤的国际粮食安全标准线。但是，我国农业基础设施薄弱、靠天吃饭局面尚未根本改变，中低产农田占耕地总面积的 2/3，用水方式仍

---

① 《"十四五"期间中国老年人口将破 3 亿 迈入中度老龄化》，中国新闻网 2020 年 10 月 23 日，https://www.chinanews.com/sh/2020/10-23/9320820.shtml。

② 《〈中国油气产业发展分析与展望报告蓝皮书（2019—2020）〉发布》，人民网 2020 年 3 月 30 日，http://sd.people.com.cn/n2/2020/0330/c386907-33914607.html。

③ 《联合国发布〈世界粮食安全和营养状况〉报告》，《人民日报》2020 年 7 月 15 日。

比较粗放，化肥农药使用量较高，每年进口粮食超过 1 亿吨，大豆对外依存度超过 80%，如何更好保障粮食安全仍是一个长期的重大课题。

系统评估新冠肺炎疫情形成的新压力

2020 年，新冠肺炎疫情在全球大流行，成为各国民众眼中的"洪水猛兽"。根据世界卫生组织公布的数据，截至北京时间 12 月 2 日 23 时 25 分，全球累计确诊病例达 63 360 234 例，死亡病例达 1 475 825 例，其中，美国、印度、巴西累计确诊病例数位列全球前三。[1] 目前，我国抗击新冠肺炎疫情斗争取得重大战略成果，但受冬季来临和全球新冠肺炎疫情蔓延影响，输入性病例蔓延风险仍可能增加，本土病例时有出现，对我国经济社会发展形成很大的压力。

第一，疫情严重影响经济增速。虽然我国抗击新冠肺炎疫情斗争取得重大战略成果，经济社会已经基本恢复正常，但疫情对我国经济发展产生非常大的不利影响。一是疫情造成年初国内经济"停摆"。新冠肺炎疫情暴发后，武汉市被迫"封城"，随后湖北省开始实行严厉的封锁和隔离措施，此后相关管控措施扩大到全国，导致各地区经济活动几乎陷入停摆状态。受此影响，我国一季度国内生产总值同比下降 6.8%。党中央、国务院采取多种措施鼓励复工复产，第二、第三季度经济企稳回升，前三季度国内生产总值 722 786 亿元，按可比价格计算，同比增长 0.7%，实际增速实现 V 形反转，但预计今年经济增速只有 1% 左右，

---

① 《全球疫情简报：去年 12 月美国或已存在新冠病毒 俄单日死亡病例数创新高》，新华网 2020 年 12 月 3 日，http://www.xinhuanet.com/2020-12/03/c_ 1126816454.htm。

远低于2019年的6.1%。二是疫情造成世界经济收缩。目前，疫情在全球蔓延，各国政府被迫采取封锁措施，停止一切非必要经济活动，禁止国际旅行，经济活动受到极大冲击。国际货币基金组织2020年10月份更新了《世界经济展望》，将今年全球经济增速预测由6月份的 −4.9% 调整为 −4.4%。该增速好于原先预期，但仍将是自第二次世界大战以来的最大收缩，相比之下，2009年的"大衰退"仅仅使世界经济收缩了0.1%。同时，2021年全球经济增速预测由5.4%调整为5.2%，即经过2020年的收缩和2021年的复苏，2021年全球GDP水平只比2019年略高出0.6%。①② 中国同期经济增速预期明显高于世界整体水平，但作为全球第二大经济体，产业链突发性中断、贸易需求萎缩、国际资本流动方向变化、国际经济协调应对难度大等问题必然对我国经济增速产生明显的负面影响。

第二，疫情给政府财政造成巨大压力。疫情对政府财政的影响可以分为两个方面：一方面，疫情对财政收入增长带来了巨大冲击。2019年，全国一般公共预算收入19.038 2万亿元，同比增长3.8%。③ 而今年1—10月，全国一般公共预算收入158 533亿元，同比下降5.5%。根据财政部的预测，2020年的一般预算收入将略高于18万亿元，低于2019年。④ 另一方面，疫情常态化防控和复工复产需要巨额的财政支持。与疫情常态化防控相关的工作包括公共场所日常防疫检测、社区防控、核酸检测筛查、确诊病例隔离治疗、疾病防控特效药和疫苗研发，以及为

① 国际货币基金组织：《世界经济展望（2020年6月）》，https：//www. imf. org/zh/Publications/WEO/Issues/2020/06/24/WEOUpdateJune2020。
② 国际货币基金组织：《世界经济展望（2020年10月）》，https：//www. imf. org/zh/Publications/WEO/Issues/2020/09/30/world-economic-outlook-october-2020。
③ 财政部：《2019年财政收支情况》，http：//gks. mof. gov. cn/tongjishuju/202002/t20200210_ 3467695. htm。
④ 《财政部长谈"积极财政"：基本民生支出只增不减》，人民网2020年5月22日，http：//finance. people. com. cn/n1/2020/0522/c1004-31797751. html。

保持社交距离、避免人员聚集采取的引导管控措施等。这些工作产生的费用支出，绝大部分都是由政府承担。另外，为了加快复工复产，党中央、国务院出台一系列减税降费措施，预计在 2019 年减税降费 2.36 万亿元的基础上，新增25 000 多亿元。受收入减少、支出增加的双重影响，全国一般公共预算收入和支出之间的缺口由 2019 年的 4.85 万亿元扩大到6.76 万亿元[①]。为了弥补资金缺口，我国在大力压减非刚性、非急需支出的同时，采取了提高赤字率、发行抗疫特别国债、调入国有资本经营预算、增加地方政府专项债券规模等多项措施。考虑到财政赤字大多转化为政府债券，上述措施除了国有资本经营预算外，最终仍需要通过政府财政支出予以解决，实际上在解决了短期财政问题的同时，也在一定程度上增加了中长期的财政压力。

第三，疫情推动经济和社会产生深刻变化。一是疫情可能改变经济活动方式。比如，出于对疫情不确定性的考虑，企业可能为了避免破产，倾向于持有更多流动性，导致投资需求降低；需要加强工作场所安全措施，付出额外成本，生产率将受到影响；跨国供应链的脆弱性和风险性凸显，使企业更加倾向于选择靠近国内的供应商，这种调整也需要成本；等等。这些经济活动方式的改变可能抑制资本积累和潜在产出，从而对经济造成长期影响。二是疫情可能使收入不平等问题加剧。据统计，交通运输、仓储邮政、住宿餐饮、工业和建筑业等受到的冲击较大。这些产业大多属于劳动密集型产业，从业人员专业技能相对较少，收入水平相对较低，抵御风险和再就业能力相对较弱，疫情使他们失去收入来源后，可能引发社会问题。企业因疫情防控匆忙加快自动化步伐，可能盲目引入所谓的"平庸技术"，即某些自动化没有引发生产效

---

① 《财政部长谈"积极财政"：基本民生支出只增不减》，人民网 2020 年 5 月 22 日，http://finance.people.com.cn/n1/2020/0522/c1004-31719751.html。

率的提高，却造成了大量的替代人工现象，对生产效率和社会就业带来双重影响。

Sec. 4
第四节　在危机中育先机，于变局中开新局

2020 年 5 月 23 日，习近平总书记在看望参加全国政协会议的经济界委员并参加联组会时指出，要坚持用全面、辩证、长远的眼光分析当前经济形势，努力在危机中育新机、于变局中开新局，发挥我国作为世界最大市场的潜力和作用，明确供给侧结构性改革战略方向，巩固我国经济稳中向好、长期向好的基本趋势，巩固农业基础性地位，落实"六稳""六保"任务，确保各项决策部署落地生根，确保完成决胜全面建成小康社会、决战脱贫攻坚目标任务，推动我国经济乘风破浪、行稳致远。我们要深入学习贯彻习近平总书记的重要讲话精神，准确把握"变"与"不变"的实践辩证法，增强机遇意识和风险意识，准确识变、科学应变、主动求变，勇于开顶风船，善于转危为机，努力实现更高质量、更有效率、更加公平、更可持续、更为安全的发展。

第一，面对危机、变局，要有战略定力。要准确把握"变"中的"不变"。一是我国社会主要矛盾发生了变化，但是中国特色社会主义所处的历史阶段没有变。我国仍处于并将长期处于社会主义初级阶段的基本国情没有变。我国仍然是世界最大发展中国家的国际地位没有变。所谓的"变化"，是在社会主义初级阶段的大背景下，中国特色社会主义在新时代呈现出的新特征、新状态、新矛盾。二是国际形势不稳定性不确定性上升，但是和平与发展仍然是时代主题，也是不可抗拒的历史潮流。加强团结而不是制造隔阂，推进合作而不是挑起冲突，携手共建人类命运共同体，造福世界各国人民，仍然是世界大多数国家和人民的共同愿望。危机是客观存在的，变局也正在进行，两者都不以人的意志为转移，我们要科学地看待和对待它们。在危机面前不能自乱阵脚、惊慌失措、进退失据，在变局面前不能麻木不仁、因循守旧、无所作为。要保持战略定力，既不盲目悲观、患得患失，也不头脑发热、贪功冒进，始终坚持目标导向、问题导向、结果导向，始终保持科学严谨的精神、积极乐观的心态，防范化解内部各类风险隐患，积极应对外部环境变化带来的冲击挑战，最终实现化危为机、弃旧图新。

第二，对于育先机、开新局，要有决心信心。在危机中育先机、于变局中开新局，是以习近平同志为核心的党中央治国理政的重大战略思维，是习近平新时代中国特色社会主义思想的重要组成部分，也是我们党在长期革命、建设和改革过程中积累形成的重要经验。比如，为了研究确定党在抗战时期的纲领、路线和政策，中共中央政治局 1937 年 8 月 22—25 日在陕北洛川县冯家村召开了扩大会议，即洛川会议，决定把党的工作重心放在战区和敌后，在敌后放手发动群众，开展独立自主的游击战争，开辟敌后战场，建立敌后抗日根据地等。洛川会议是中国共产党在从国内战争到抗日战争的历史转折关头召开的一次重要会议，向全党、全国人民指明了抗日战争的方向和争取抗战胜利的具体道路。正是因为有了洛川会议，才有了西安事变的和平解决，这为我党在战略上抢占了先机，赢得了全国人民的认可。新中国成立以来特别是改革开放以来，我们也遇到了不少国内外形势变化带来的严重危机、重大变局，比如，新中国刚成立美国就把战火烧到鸭绿江边，20 世纪 60 年代初国内出现重大自然灾害，1962 年印度主动挑起边境冲突，1969 年苏

联边防军侵入珍宝岛，1979 年越南侵犯我国领土，20 世纪 90 年代初苏东剧变，1997 年亚洲金融危机，2003 年出现非典疫情，2008 年爆发国际金融危机，等等。面对危机和变局，我们不仅能够安然度过，并且发展得愈来愈好，其中一个主要的原因，就是我们善于在危机中育先机、于变局中开新局。进入新时代，面对国内外新形势新挑战，我们要有育先机、开新局的决心信心，相信以习近平同志为核心的党中央的坚强领导，相信全国各族人民的聪明智慧，相信我们必将在开启全面建设社会主义现代化国家新征程中取得新的更大胜利。

第三，围绕如何育先机、如何开新局，要有闯劲韧劲。习近平总书记深刻指出，中华民族伟大复兴，绝不是轻轻松松、敲锣打鼓就能实现的。一方面，育先机、开新局都是开创性事业，没有先例可循，没有现成模式可借鉴，只能立足实际、"摸着石头过河"，没有开拓创新的干劲和闯劲是办不好、办不成的。必须要有敢为人先、事竞一流的闯劲，勇于思考、勇于探索、勇于创新，不囿于传统思维、传统理念，善于突破习惯做法的束缚，先行先试、破旧立新，以改革的精神、创新的方法解决遇到的问题和挑战。另一方面，育先机、开新局必然面临诸多艰难险阻，实际上是一个船到中流浪更急、人到半山路更陡的时候，是一个愈进愈难、愈进愈险而又不进则退、非进不可的阶段。要树立底线思维，发扬斗争精神，坚定"千磨万击还坚劲"的决心，保持"咬定青山不放松"的韧劲，坚持"立根原在破岩中"的毅力，发挥"任尔东西南北风"的作风，抓铁有痕、踏石留印，扭住不放、久久为功，努力把中国自己的事情办好，推动经济社会高质量发展。要有历史耐心，全面认识、准确把握、充分尊重客观规律。比如，具有重大作用、重要作用的基础性科学技术研究，往往需要花费很长的时间。据统计，2018 年度国家自然科学奖、技术发明奖、科学技术进步奖三大奖获奖项目从立项到成果发表或应用平均时间为 11 年，其中，近一成的项目经历了超过 20 年的攻关和积累。① 育先机、开新局是一项长期艰巨任务，绝非一朝一夕之功，要着眼未来、把目光放长远，避免急功近利、揠苗助长，给予足够的时间和空间，宽容错误、允许失败，为工作人员营造一个心无旁骛、全身心投入的良好氛围，只有这样才能取得"十年不鸣，一鸣惊人"的显著成果，育先机、开新局也才能取得实实在在的成效。

① 《国家科技奖获奖专家呼吁各界耐心等待：基础研究成果是急不来的》，《科技日报》2019 年 1 月 9 日。

第六章

新发展机遇表达了未来形势的战略研判

党的十九届五中全会深入分析了我国发展环境面临的深刻复杂变化，认为当前和今后一个时期，我国发展仍然处于重要战略机遇期。在国内外发展环境和发展阶段发生复杂变化的背景下，以习近平同志为核心的党中央仍然作出这一重大判断，充分彰显了以习近平同志为核心的党中央把握时代大势、驾驭发展全局的高超智慧和战略定力，对于廓清思想迷雾、凝聚发展共识、增强必胜信心，具有极其重要的意义。我们必须充分把握和利用重要的战略机遇，为第二个百年目标的实现奠定扎实基础。

Sec 1 第一节　准确把握我国发展重大战略机遇期

"善弈者谋势。" 只有端起历史的望远镜鉴往知来，深刻把握本质和全局，才能登高望远、拨云见日，辨明历史前进大势。当今世界处于百年未有之大变局，不稳定性不确定性突出，国际国内环境发生深刻复杂变化。但从大势上看、从总体上看，我国发展处于重要战略机遇期的重大判断没有改变，时与势在我们这一边。

从国际看，和平与发展仍然是时代主题，破解世界性难题需要加强国际合作，经济全球化大势并未逆转，新一轮科技革命和产业革命蓬勃兴起。今天的世界，和平合作、开放融通、变革创新的潮流滚滚向前，谁都无法阻挡。从国内看，经过新中国成立以来尤其是改革开放40多年来的不懈奋斗，我国发展积累了雄厚基础，我国经济潜力大、韧性强，基本面长期向好。从中国与世界的关系看，中国在全球治理中发挥越来越重要的作用，中国的广阔市场给各国带来巨大机遇，中国的发展离不开世界，世界的繁荣也需要中国。

察势者智，驭势者赢。我们既要看到我国发展仍处于重要战略机遇期，又要看到时代变局中危和机同生并存，深刻把握重要战略机遇新内涵，乘势而上、奋发有为，把新时代中国的发展推向新高度。

第一，要牢牢把握加快经济结构优化升级的新机遇。经济结构的调整与优化已经成为全世界各国发展战略的共同着力点。国际金融危机爆发后，越来越多的国家猛然醒悟：世界经济的关键问题，并非短期的金融危机，而是深层次的经济结构问题。一场世界范围内的结构调整竞赛

悄然启幕。发达国家纷纷推进"再工业化""制造业回流",发展高端制造,试图抢占新一轮产业变革制高点;一些新兴经济体利用比我国更低的成本优势积极接纳国际制造业转移,力求打造新的"世界工厂"。中国经济遭遇"前堵后追",过去主要依靠要素低成本投入、外需拉动、粗放发展的模式更加难以为继。挑战积聚,压力袭来,既凸显困难,也潜伏机遇。这是倒逼我国经济结构加快优化升级的新机遇,有利于完成多年想实现而没有实现的重大结构性变革。要坚持以供给侧结构性改革为主线不动摇,在"巩固、增强、提升、畅通"八个字上下功夫,加快推动产业结构升级和发展方式转变,扎实推动高质量发展,奋力开创新局面。

第二,要牢牢把握提升科技创新能力的新机遇。历史经验一再表明,那些抓住科技革命机遇走向现代化的国家,都是科学基础雄厚的国家;那些抓住科技革命机遇成为世界强国的国家,都是在重要科技领域处于领先行列的国家。进入 21 世纪以来,全球科技创新空前密集活跃。以人工智能、量子信息、移动通信、物联网、区块链为代表的新一代信息技术加速突破应用,以合成生物学、基因编辑、脑科学、再生医学等为代表的生命科学领域孕育新的变革,融合机器人、数字化、新材料的先进制造技术正在加速推进制造业向智能化、服务化、绿色化转型。新一轮科技革命和产业变革正在重构全球创新版图,重塑全球经济结构。

事贵制人,而不贵见制于人。习近平总书记对"卡脖子"问题早有洞见,曾在多个场合反复强调,"不能总是指望依赖他人的科技成果来提高自己的科技水平,更不能做其他国家的技术附庸,永远跟在别人的后面亦步亦趋","一个互联网企业即便规模再大、市值再高,如果核心元器件严重依赖外国,供应链的'命门'掌握在别人手里,那就好比在别人的墙基上砌房子,再大再漂亮也可能经不起风雨,甚至会不堪一击"。①

实践反复告诉我们，关键核心技术是要不来、买不来、讨不来的。只有把关键核心技术掌握在自己手中，才能从根本上保障国家经济安全、国防安全和其他安全。被人"卡脖子"，是挑战，也是机遇。它倒逼我们大力推进自主创新，打开门来搞创新，集中力量补齐关键核心技术等短板，把创新主动权、发展主动权牢牢掌握在自己手中。

第三，把握深化改革开放的新机遇。回首来时路，是改革开放让中国经济发展长河在 40 多年间奔腾汹涌；踏上新征程，深化改革开放的重要战略机遇，将为经济发展长河再注强大势能。2018 年 10 月 24 日，习近平总书记在深圳参观"大潮起珠江——广东改革开放 40 周年展览"时坚定表示："中国改革开放永不停步！下一个 40 年的中国，定当有让世界刮目相看的新成就！"②

从农村到城市、从沿海到内地、从经济领域到其他领域、从国内改革到对外开放，改革开放大潮从历史深处喷薄而来，向民族复兴澎湃而去，开辟出一条中国特色社会主义道路，书写了国家和民族发展的壮丽史诗。

习近平总书记在党的十八届三中全会上强调："改革开放到了一个新的重要关头。我们在改革开放上决不能有丝毫动摇，改革开放的旗帜必须继续高高举起，中国特色社会主义道路的正确方向必须牢牢坚持。"③ 自党的十八届三中全会召开以来，我们以更大的政治勇气和智慧、更有力的措施和办法推进改革开放。改革开放全面发力、多点突

---

① 习近平：《在中国科学院第十七次院士大会、中国工程院第十二次院士大会上的讲话》，《人民日报》2014 年 6 月 10 日。

② 《习近平：中国改革开放永不停步！》，新华网 2018 年 10 月 25 日，http://www.xinhuanet.com/politics/leaders/2018-10/25/c_ 1123611131.htm。

③ 习近平：《关于〈中共中央关于全面推进依法治国若干重大问题的决定〉的说明》，《人民日报》2013 年 11 月 16 日。

破、蹄疾步稳、纵深推进，进入了前所未有的新境界，迎来了新机遇。未来必须牢牢把握这一机遇，通过深化改革破除体制机制障碍、释放创新创造活力，通过扩大开放倒逼相关改革、拓展发展舞台，变压力为加快推动经济高质量发展的动力。

第四，把握加快绿色发展的新机遇。在经济发展领域取得巨大成就的同时，我国也积累了大量生态环境问题，成为民生之患、民心之痛。人民日益增长的优美生态环境需要与生态环境污染之间的矛盾，不仅影响到人民群众的生活质量，而且成为经济社会发展的瓶颈和制约。解决这一矛盾，从根本上说，必须依靠全面建设社会主义现代化国家。同时，我们要建设的现代化是人与自然和谐共生的现代化，既要创造更多物质财富和精神财富以满足人民日益增长的美好生活需要，也要提供更多优质生态产品以满足人民日益增长的优美生态环境需要。在建设现代化过程中，强调人与自然和谐共生，就是让我们的国家富强又美丽，让我们的生活富足又惬意。实现这一目标就必然要求走生态优先、绿色发展之路，加强生态文明建设，深化国际合作，以生产方式、消费方式的深刻变革，造福广大人民和世界，为未来发展赢得更广阔空间。

第五，把握参与全球经济治理体系变革的新机遇。当今世界，又一次站在前行的"十字路口"：全球治理体系深刻变革，新的国际秩序正在孕育。作为世界第二大经济体，中国完全有能力抓住参与全球经济治理体系变革的新机遇，扮演更为重要的角色。面对频频爆发的全球性问题，面对世界经济增长动力转移，现有以国际货币基金组织、世界银行和世界贸易组织等多边经济协调机构为主要架构的全球经济治理体系面临挑战，推进变革成为各方普遍要求，国际社会成员理当为此发挥建设性作用。

党的十八大以来，中国坚决维护以联合国宪章宗旨和原则为核心的国际秩序，与各国携手推动构建公正、合理、透明的国际经贸规则体系，坚定维护开放型世界经济和多边贸易体制，坚决推动改革全球经济治理体系中不公正不合理的安排，力推多哈谈判，加快自贸区谈判、人民币"入篮"，发起成立亚投行等新型多边金融机构，促成国际货币基金组织完成份额和治理机制改革。在国际经济金融、区域经济合作等领域，中国推出了一系列国际公共产品，正画出半径越来越大的人类命运共同体同心圆。

艰难困苦，玉汝于成。中国的发展之路，从来都不是一帆风顺的。有困难和挑战并不可怕，关键是敢于迎难而上、善于化危为机，在攻坚克难中不断开辟发展新境界。让我们坚定信心、保持定力、真抓实干，贯彻落实好党中央关于经济工作的各项决策部署，为全面建成小康社会收官和全面开启第二个百年目标的历史征程打下决定性基础。

Sec. 2　第二节　我国已转向高质量发展阶段

"我国已转向高质量发展阶段"，这是根据国际国内环境变化，特别是我国发展条件和发展阶段变化作出的重大判断。所谓高质量发展阶段，核心要求就是要把提高供给体系质量作为主攻方向，彻底改变过去主要靠要素投入、规模扩张，忽视质量效益的粗放式增长，以及由此产生的产能过剩、产品库存、杠杆增加、风险加大、效益低下、竞争力不足等问题，通过提高质量和效益实现经济的良性循环和竞争力提升。高质量发展阶段将展现出以下阶段性特征：一是经济增速从过去9%左右的高速增长逐步下降到目前6%左右的增长；二是必须向追求高质量和高效益增长的模式转变；三是加快推进有利于发挥市场对资源配置起决

定性作用的市场化改革。

第一，转向高质量发展是由中国经济所处的新的历史方位决定的。当前，我国经济正处在转变发展方式、优化经济结构、转换增长动力的攻关期。我国经济发展的战略目标就是要在质量变革、效率变革、动力变革的基础上，建设现代化经济体系，不断增强经济创新力和竞争力。科学认识我国发展新的历史方位，是保证发展方向、发展路径、发展举措和各项工作符合国情实际的关键。高质量发展，就是能够很好满足人民日益增长的美好生活需要的发展，是体现新发展理念的发展，是创新成为第一动力、协调成为内生特点、绿色成为普遍形态、开放成为必由之路、共享成为根本目的的发展。

第二，转向高质量发展是适应我国社会主要矛盾变化的必然要求。改革开放以来，发展是硬道理，不仅体现了时代的要求，也标示了改革开放的动力源泉。在这样的动力机制下，经济发展如火如荼，取得巨大成就，但也积累了大量结构性、体制性的矛盾和问题。进入新时代，社会主要矛盾的变化必然提出推动高质量发展问题。当我国社会主要矛盾已经转化为人民日益增长的美好生活需要和不平衡不充分的发展之间的矛盾的情况下，就必须改变过去那种经济发展模式，把经济发展转到提高质量上来。推动高质量发展，是保持经济持续健康发展的必然要求，是适应我国社会主要矛盾变化和全面建成小康社会、全面建设社会主义现代化国家的必然要求，也是遵循经济规律发展的必然要求。

第三，转向高质量发展是适应我国参与全球化竞争的必然要求。国际金融危机以后，美国和其他西方国家都面临着深层次的经济调整，这个调整给我们提供了参与全球经济治理和全球分工的重要机遇。从近年情况看，美国积极推动再工业化，德国实施工业4.0计划，其他发达国家也在进行抢占世界经济制高点、产业制高点和科技制高点的行动，而一些发展中国家也在加速推动产业调整和产业升级。这一切都表明，经济领域的竞争越来越激烈，我们必须"四渡赤水出奇兵"，推动产业结构从中低端向中高端攀升，迈向全球价值链中高端。而这些都需要我们提高经济发展的质量。

第四，转向高质量发展是建设社会主义现代化强国的必然要求。未来30多年，从全面建成小康社会到基本实现现代化，再到全面建成社会主义现代化强国，是新时代中国特色社会主义发展的战略安排。实现国家治理体系和治理能力现代化，全面提升物质文明、政治文明、精神文明、社会文明、生态文明，建成富强民主文明和谐美丽的社会主义现代化强国，都离不开高质量的发展。高质量发展是强国之本、筑梦之基，唯有加快改革，不断增强经济的创新力、竞争力等质量优势，才能为实现"两个一百年"奋斗目标打下坚实基础。

第五，转向高质量发展必须坚持稳中求进工作总基调。我国正处在转变发展方式、优化经济结构、转换经济增长动力的攻关期和质量变革、效率变革、动力变革的关键时刻，结构性、体制性、周期性问题相互交织，"三期叠加"影响持续深化，经济下行压力继续加大。外部环境进一步趋紧，世界经济增速降至近十年最低水平，国际上普遍对2020年经济走势表示担忧。面对这种情况，我们要牢牢把握稳中求进的总基调，加强对国内外宏观经济形势发展变化的研判，不被短期的波动牵着鼻子走。坚持稳字当头，强化战略定力和底线思维，坚持宏观政策要稳、微观政策要活、社会政策要托底，着力做好"六稳"：稳就业、稳金融、稳外贸、稳外资、稳投资、稳预期工作。这些也是我们近些年做好经济工作，推动经济从高速增长转向高质量发展的重要经验。

第六，转向高质量发展必须坚持贯彻落实新发展理念。我国正处于并将长期处于社会主义初级阶段，实现"两个一百年"的奋斗目标，保持经济社会发展良好势头非常关键、非常重要。同时，尽管发展是硬道理，也要适应时代和形势的需要，不断提高新的发展要求。新时代推

动经济社会发展，必须坚定不移地贯彻创新、协调、绿色、开放、共享的发展理念。要加快建立和完善适应新发展理念的指标体系、统计体系、政策体系、考核体系等，把新发展理念的制度优势转化成为治理绩效。要更加适应我国社会主要矛盾的变化，紧紧围绕满足人民日益增长的美好生活需要来推动经济发展，注重解决发展中各种不平衡不充分的问题。必须从系统论出发贯彻落实新发展理念，树立全面、系统的观念，克服片面思维，优化经济治理方式，加强全局观念，防止顾此失彼。

第七，转向高质量发展必须坚持以供给侧结构性改革为主线。我们要牢牢把握以供给侧结构性改革为主线，把这条主线贯穿于宏观调控全过程，坚持巩固、增强、提升、畅通的方针，真正实现治标和治本、当前和长远的有机结合。增强供给的精准性、灵活性、有效性，满足市场和人民个性化、动态化、差异化，甚至定制化的需要。坚持问题导向、目标导向、结果导向，在深化供给侧结构性改革上持续用力，深入实施创新驱动发展战略，促进大众创业、万众创新，推动实体经济特别是先进制造业的创新发展，确保经济实现量的合理增长和质的稳步提升。要继续抓重点、补短板、强弱项，对照完成相关的定性定量指标，确保全面建成小康社会取得决定性胜利并圆满收官。坚决打好重大风险防范、精准脱贫和污染防治三大攻坚战。从某种意义上讲，这三大攻坚战就是供给侧结构性改革的重点，也是改革的难点。

第八，转向高质量发展必须坚持以改革开放为动力。改革开放40多年来我们取得的一条重要经验，就是以改革开放为动力，向改革开放要动力，增强我们的内生发展动力。必须善于通过改革开放破除发展面临的体制机制障碍，困难越是增多越要加快改革开放，压力越大越要加快改革开放。通过深化改革开放释放的强大能量，来对冲化解各种风险和挑战。我们要坚持和完善我国社会主义基本经济制度，发挥其内在的

"生态链"和"生态圈"的互动优势，毫不动摇巩固和发展公有制经济，毫不动摇巩固支持引导非公有制经济发展，使市场在资源配置中起决定性作用，更好发挥政府作用。我们要深化国资国企改革，落实支持民营经济发展的政策，完善产权和要素市场化配置，深化财政金融土地管理改革，建设高标准市场体系。要依靠改革开放优化营商环境，深化"放管服"改革，主动帮助企业解决实际困难，构建亲清的政商关系，加快打造市场化法治化国际化的营商环境，持续激发市场主体活力，让各类市场主体在科技创新和国内国际市场竞争的第一线奋勇拼搏。要积极应对中美经贸摩擦影响，加快推进更高水平的对外开放，进一步拓展开放领域，优化开放布局，变要素开放为制度开放，培育国际经济合作和竞争的新优势，要稳定和扩大利用外资，扎实推进共建"一带一路"，深化多边和区域经济合作，形成全面开放新格局。

总之，我们有党的坚强领导和中国特色社会主义制度的显著优势，有改革开放以来积累的雄厚物质基础，有超大规模的市场优势和内需潜力，有庞大的人力资本和人才资源，我们贯彻落实好"四个坚持"，就一定能够战胜各种风险挑战，就有能力、有潜力、有空间、有办法推动中国经济高质量发展。

Sec. 3 第三节　国际力量对比呈"东升西降"态势

在影响一个国家可持续发展的诸多因素中，外部发展环境的变化是一个重要因素，尤其是在全球化时代，世界各国经济、政治、产业、文化等领域密切联系，高度交融，相互之间都会产生巨大影响。当前，世

界正面对百年未有之大变局，国际力量格局也处在深刻调整和转型的过程中，主要体现为国际权力的转移和再分配。正确认识国际力量格局的变化，有助于我们把握国际形势的演进方向，增强外交运筹的战略定力。

总体上看，当前国际力量对比呈现出"东升西降"的历史性趋势。近代以来，西方国家一直是国际力量格局中的主导者，西方国家的综合国力优势是绝对性、压倒性的，具体表现在科学、技术、海洋等领域。其中，第一次工业革命起源于英国，以瓦特改良的蒸汽机为标志，人类进入"蒸汽时代"，大机器生产代替了手工生产。从19世70年代开始，第二次工业革命几乎同时发生在美、德、英、法、日等多个先进的资本主义国家，人类进入了"电气时代"。两次世界大战之后即20世纪50年代开始了第三次工业革命，开创了"信息时代"（计算机、通信革命）。一个重要的特征是，前三次工业革命都由西方国家所主导，是西方国家的群体性崛起。

需要强调的是，科学和技术始终是影响人类命运和大国关系的重要变量，工业革命的本质是科学和技术革命。20世纪发展了五大尖端技术：核技术、航天技术、电子计算机技术、激光技术和基因重组技术。其中最基础、最关键的是电子计算机技术，人类也迎来了第三次工业革命。但是，过去500年，科学技术的发展在全球是不平衡的，科学技术的地理中心在欧洲、北美。中国曾先后失去过三次工业革命的机会。在前两次工业革命过程中，中国急剧地衰落，由于错失工业革命机会，中国GDP占世界总量比重，由1820年的1/3下降至1950年的不足1/20。落后就要挨打，这也是近代中国饱受欺凌的重要原因之一。

今天，人工智能、大数据、量子信息、生物技术等新一轮科技革命和产业变革正在积聚力量，催生大量新产业、新业态、新模式，给全球发展和人类生产生活带来翻天覆地的变化，人类将进入第四次工业革命时代，即"智能时代"。智能时代不同于信息时代或互联网时代，大数据和区块链两者之间有个共同特点——分布式，代表了一种从技术权威垄断到去中心化的转变。在国际政治层面，今天的权威是"共识"，而不是"强权"，中国以及广大发展中国家拥有了"共识权力"，将会很大程度上实现与西方国家的共治。①

同时，冷战结束至今短短 20 多年时间，西方国家普遍遭遇战略困境，实力地位明显下降。美国接连犯下战略错误，经济高度虚拟化，政府对市场的监管形同虚设，最终导致国际金融危机的爆发。对外层面，美国肆意干涉他国内政，深陷反恐战争泥潭，国家实力和国际形象双双透支。特朗普政府一味鼓吹"让美国再次伟大"，动摇了美国的国际信誉和霸权根基。

作为西方阵营重要成员的欧洲国家，其发展趋势同样难言乐观。过去 10 年，欧洲遭受主权债务危机、移民难民危机、恐怖主义危机等接连打击。经济增长停滞、社会福利锐减、安全环境恶化，大众的民粹主义情绪加剧。英国"脱欧"悬疑、法国黄背心运动和德国默克尔时代的谢幕，意味着欧洲"三驾马车"面临困局。凡此种种，都表明欧洲一体化遭遇重大挫折，加速其国际地位的边缘化。同为西方阵营中的日本在经历"安倍经济学"的强刺激之后，经济增长有所起色，但从中长期看，日本面临着巨额公共债务、人口结构老龄化和社会活力缺失等结构性难题，愈发难以支撑其大国梦想。

伴随着西方国家整体地位的下降，非西方力量的群体壮大是大势所趋。第二次世界大战后，广大亚非拉国家先是通过努力抗争结束了殖民半殖民状态，最终实现了国家独立自主，而后通过对内改革和融入国际

---

① 参见赵磊：《从世界格局与国际秩序看"百年未有之大变局"》，《中共中央党校（国家行政学院）学报》2019 年第 3 期。

体系，实现了经济发展、社会进步和国家富强。特别是进入 21 世纪以来，一大批新兴国家发展势头迅猛，成为国际权力转移的决定性力量。目前，新兴国家和发展中国家的经济总量已占到世界总量的 40%，对世界经济增长的贡献更是高达 80%。

当然，国际力量格局的"东升西降"是趋势但非定势。近年来，两类国家内部出现了微妙和复杂的分化组合。

首先，西方集团内部出现重大分化。特朗普自执政以来，通过结构性减税、放松金融监管、引导海外企业和资金回流等一系列举措，推动美国经济强势增长。美国大规模扩充军力，加速核武、网络、空天等新型武器的研发，确保其绝对军事优势。对外，特朗普政府坚持"美国优先"，力促其盟友在贸易和安全问题上作出让步。总体看，美国保持了在西方集团内部的实力地位。

其次，新兴国家和发展中国家机遇与挑战并存。一方面，新兴国家和发展中国家普遍遭遇成长烦恼。印度贫富差距、金融腐败、贸易恶化等问题突出，现代国家建构的任务远未完成；俄罗斯在外交和军事上的攻势遮掩不住整体的虚弱，经济结构畸形、政治社会矛盾突出；巴西、南非经济增长失速，伴之以政治危机和社会动荡。另一方面，新兴国家和发展中国家抓住国际权力转移的难得机遇，利用双边、多边平台积极加强团结合作。非盟、东盟、阿盟、上海合作组织、金砖国家机制、"一带一路"建设等各种区域、次区域和跨区域的合作不断深化，推动国际秩序和全球治理朝着更加公正合理的方向发展。

以上国际力量格局的阶段性变化带来了国际体系的震荡和冲突。西方国家希望继续维持全球领导地位，新兴国家和发展中国家要求获得更大的国际话语权，两类国家及其内部的激烈博弈使得国际秩序呈现出更为无序和碎片化的状态。在这一进程中，作为唯一超级大国的美国俨然成为世界上最大的麻烦制造者。特朗普执政以来在国际上不断"退群"、废约、脱钩，在全球范围内发起贸易战，对长期追随自己的盟友也大打出手。这一系列单边主义、保守主义的做法加剧了大国关系紧张和全球治理失灵。

在人类走向进步还是倒退、开放还是封闭的重要关口，习近平总书记明确提出了关于全球治理体制变革的"中国方案"，即基于人类共同价值的"人类命运共同体"构想。习近平主席于 2015 年 9 月在联合国大会所提出的"人类共同价值"这一重要理念，是构建新型国际关系的思想基础和价值内核，具有突破性意义。习近平强调，和平、发展、公平、正义、民主、自由，是全人类的共同价值，也是联合国的崇高目标。① 这六项重要理念是人类共同价值内核，具有最广泛普遍性和吸引力。与西方所提倡的"普世价值"不同，中国高度重视和平与发展在实现一切价值追求中的基础地位和首要作用；倡导国家间交往要坚持公平与正义原则，打造以互利共赢为核心的新型国际关系；践行道义为先、先义后利的道德原则。中国提出的人类共同价值反映的是不同个体、民族、国家之间的共性，不是某个地域特殊价值的人为提升，不能产生于任何人的主观设计，而是人类在认识和改造世界的过程中、在各民族文化交流和融合的过程中自然形成的。2017 年 1 月 18 日，习近平主席在日内瓦万国宫发表题为《共同构建人类命运共同体》的主旨演讲时指出，世界命运应该由各国共同掌握，国际规则应该由各国共同书写，全球事务应该由各国共同治理，发展成果应该由各国共同分享②。

近些年来，习近平在国际国内重要场合 100 多次谈及人类命运共同体。人类命运共同体思想体现了全球治理理论的创新，反映了崛起的中

---

① 习近平：《携手构建合作共赢新伙伴 同心打造人类命运共同体——在第七十届联合国大会一般性辩论时的讲话》，《人民日报》2015 年 9 月 29 日。

② 《习近平主席在联合国日内瓦总部的演讲（全文）》，新华网 2017 年 1 月 19 日，http：//www. xinhuanet. com/world/2017-01/19/c_ 1120340081. htm。

国对世界潮流的新认知、对 21 世纪国际关系模式的新主张以及对全球治理时代国际秩序的新思考。2017 年，人类命运共同体概念已经先后载入联合国安理会、社会发展委员会和人权理事会的决议，作为中国全球治理的一个创新性理念，已然获得了广泛的国际认同。

现在，中国日益走近世界舞台中央，前所未有地接近实现中华民族伟大复兴的中国梦，前所未有地具有实现这个目标的能力和信心。展望未来，中国政府将继续统筹好国内国际两个大局，以国内的改革开放和法治建设促发展，以经济发展促进国际合作和全球治理的进步，从而为世界的繁荣和稳定发挥更大的作用。当前，中国尽管遭遇转型困难和外部挑战，发展不平衡不充分，但其发展拥有广阔空间和足够韧性，稳中向好的总体态势不会改变。展望未来，中国要继续高举和平、发展、合作、共赢旗帜，与各国深化共识，共建人类命运共同体，推动国际力量格局的转换更加公正合理、平稳有序。

Sec. 4 第四节 新一轮科技革命和产业革命深入发展

当前，新一轮科技革命和产业变革正在孕育兴起，一些重要科学问题和关键核心技术已经呈现出革命性突破的先兆。宇宙起源、物质结构、生命演化、意识本质等基本科学问题方面的新认知新发现，将引发科学知识体系的系统性创新；大数据浪潮、信息技术和制造业的融合，以及能源、材料、生物等领域的技术突破，将可能催生新产业，引发产业的革命性变革；海洋、空间、农业、人口、健康等领域的科技进步将拓展人类生存发展空间，提高生活质量，促进可持续发展。世界各国更加重视利用科技创新培育新的经济增长点，产业科技、国家科技和学院科技三足鼎立、协同发展，创新资源配置呈现出全球化竞争与加速流动的趋势。

新一轮科技革命和产业变革正在蓬勃兴起，这已成为共识。那么，新一轮科技革命和产业变革的方向究竟是什么呢？或者说，究竟以什么标准来判断新一轮科技革命和产业变革的方向呢？从过去几次大的科技革命和产业变革看，一般都具备以下几个特征或标志：一是要有科学技术的革命性突破为基础和先导；二是要有紧迫和现实的重大需求；三是应对经济社会发展带来革命性的变化，包括引发生产方式、产业结构和组织等方面的变革，对人们的生活方式带来革命性变化。

为抢占新一轮科技革命和产业变革制高点，世界主要发达国家纷纷制定战略规划，加强科技创新，大力培育和发展新兴产业。比如，美国政府制定了《美国创新战略：促进可持续增长和提供优良的工作机会》《重整美国制造业政策框架》《美国生物经济蓝图》《宽带美国》等战略规划和行动计划，明确提出发动一场清洁能源革命，加速生物技术、纳米技术、先进制造技术、空间技术等的发展，继续保持作为世界科学发现和技术创新发动机的作用；欧盟制定了《欧洲2020年》《为持续增长创新：欧洲生物经济》等规划，重点发展能源与环境、生物等产业；日本制定了《面向辉煌日本的新成长战略（2020）》，提出重点推进绿色创新、生物科技创新，发展节能环保、生物与健康等产业；德国教育与研究部制定了《德国2020高技术战略》，提出实施工业4.0等战略行动计划；等等。

当前，新一轮科技革命和产业变革正处在孕育和突破阶段，它具有极大的冲击力，正在对人类社会产生难以估量的作用和影响，将引发未来世界经济政治格局深刻调整，可能重塑国家竞争力在全球的位置，颠覆现有很多产业的形态、分工和组织方式，实现多领域融通，重构人们

的生活、学习和思维方式，乃至改变人与世界的关系。这其中既蕴含着重大机遇，也存在巨大的不确定性，未知远大于已知，会带来多方面挑战。

一方面，新一轮科技革命和产业变革意味着工业化和信息化加速融合，我国工业化迎来一次重大历史性机遇。我国已步入工业化中后期，正处于经济结构转型升级的关键时期。新一轮科技革命和产业变革催生了大量新技术、新产业、新业态、新模式，为我国产业从中低端走向中高端奠定了技术经济基础、指明了发展方向，为我国科学制定产业发展战略、加快转型升级、增强发展主动权提供了重要机遇。我国综合国力位居世界前列，已形成完备的产业体系和庞大的制造基础，具有规模超大、需求多样的国内市场，具有抓住这次科技革命和产业变革机遇的产业基础条件和广阔需求空间，有能力抢抓机遇、乘势而上，推进工业化和信息化深度融合，实现跨越式发展。

另一方面，新一轮科技革命和产业变革对我国也是一次前所未有的挑战，迫切需要通过供给侧结构性改革提高创新能力、培育新的发展动能。从国际看，国际产业分工体系和竞争格局加快重塑，发达国家积极推进"再工业化"，利用先发优势不断强化其全球竞争优势和价值链高端位置，对我国产业转型升级、向全球价值链高端攀升形成压力。从国内看，供给侧与需求侧的结构性矛盾加剧，基于低成本的数量扩张型工业化路径越来越难以适应消费转型升级的需要，亟待通过创新培育新的供给能力。新一轮科技革命和产业变革强调以消费者为中心，信息化带来的消费革命已率先发生。我国模仿型、排浪式消费阶段基本结束，主流消费更加注重个性化、安全性、品质、品牌和服务。而我国自主创新能力还不够强，与新一轮科技革命和产业变革所催生的新技术、新产业、新模式、新业态的发展需要相比还有差距，如传统产业的许多关键装备、核心零部件和基础软件严重依赖进口和外资企业；尚未登上新兴技术和产业领域全球竞争的制高点，支撑产业升级的技术储备明显不足；创新资源协同运作不畅，技术创新链条还存在断裂脱节问题；等等。应对这些挑战，迫切需要通过供给侧结构性改革提高创新能力、培育新的发展动能。

抢抓新一轮科技革命机遇，必须深入实施创新驱动发展战略，瞄准主攻方向，努力追赶或站上世界科技前沿。

第一，要大幅提升自主创新能力，支撑加快转变经济发展方式。加快推进国家科技重大专项，加强重点产业关键核心技术、重大装备和关键产品研发，突破对产业竞争力整体提升具有全局性影响、带动性强的关键共性技术。推动信息化和工业化融合，加快高新技术向传统产业特别是支柱性制造业扩散转移，推动传统产业升级。高起点建设现代产业体系，加快培育和发展战略性新兴产业，掌握关键技术及相关知识产权，形成新的经济增长点，培育未来支柱性、先导性产业。

第二，要紧紧抓住新科技革命和新工业革命的战略机遇，抢占未来科技经济制高点。抓住关系国家全局与长远发展的关键领域和重大问题，瞄准新工业革命可能的战略领域方向、可能发生革命性变革的重要基础和前沿方向，关注重大科学问题和关键核心技术问题，聚焦科技创新目标，超前部署具有前瞻性、探索性的战略先导研究，建设一流科研院所和高水平研究型大学，强化基础研究、前沿技术研究、社会公益技术研究，在关键领域取得重大变革性创新，在战略必争领域取得先导性成果，在科学原理层面取得原创性突破，从源头掌握自主知识产权。

第三，要大力推进协同创新，提高国家创新体系整体效能。发挥政府主导作用和市场在资源配置中的基础性作用，明确不同创新主体的功能定位，完善协同创新的体制机制，推动科技与产业协同创新，推动科技与区域协同发展，推动科教融合，消除科技创新中的"孤岛现象"。以知识产权为纽带，以资本为要素，完善科技成果转移转化激励政策，

破除制约科技成果转移扩散的障碍，畅通创新价值链，实现创新资源的合理配置、高效利用和利益共享。

第四，要着力建设创新生态系统，营造激励创新的环境和氛围。通过财税、金融等政策保障科技投入的持续增长，健全竞争性经费和稳定支持经费相协调的投入机制。完善国家人才培养体系，优化人才队伍结构。打通人才流动、使用、发挥作用中的体制机制障碍，探索有利于创新人才发挥作用的多种分配方式。逐步建立和不断完善注重科技创新质量和实际贡献的科研评价体系。深化拓展国际科技合作，充分利用好全球科技创新资源。保障学术自由，鼓励学术争鸣，营造激励创新、宽松和谐的创新文化和政策环境。

第五，必须加强基础研究这个重要支撑。要紧扣突出短板，加大长期稳定支持力度，促进企业发挥基础研究生力军作用，落实好相关政策，加大对人才资源的投入，充分调动科研人员的积极性，让他们把国家目标与个人兴趣有机结合起来，自由探索未知空间，在探索奥秘、发现规律中作出更多贡献。同时，把基础研究与应用研究更好结合，推动科技与产业贯通，加速科研成果转化为现实生产力，为创新驱动发展提供更多源头活水。

中华民族是勇于创新、善于创新的民族。实践告诉我们，伟大事业都基于创新，抓创新就是抓发展，谋创新就是谋未来。立足科技创新，释放创新驱动的原动力，让创新成为发展基点，拓展发展新空间，创造发展新机遇，打造发展新引擎，我们就一定能推动中国号航船劈波斩浪、行稳致远，迎来更加光明的发展前景。

第七章

新发展格局提出了构建双循环战略举措

党的十九届五中全会通过的《建议》在关于"十四五"时期经济社会发展指导思想、原则和任务中都提出要构建新发展格局。2020年5月23日上午，习近平总书记在看望全国政协十三届三次会议的经济界委员时强调，面向未来，我们要把满足国内需求作为发展的出发点和落脚点，加快构建完整的内需体系、逐步形成以国内大循环为主体、国内国际双循环相互促进的新发展格局，培育新形势下我国参与国际合作和竞争新优势。这是习近平总书记第一次在公开场合提出双循环。可以说，新发展格局是以习近平同志为核心的党中央经过深思熟虑后提出的重大发展战略，是"十四五"时期开新局的重大战略举措。

Sec. 1 第一节　准确把握新发展格局科学内涵

习近平总书记指出，"新发展格局是根据我国发展阶段、环境、条件变化提出来的，是重塑我国国际合作和竞争新优势的战略抉择"①。这一战略抉择本质上是一个适应百年未有之大变局加速调整、国内高质量发展步入新阶段、国内发展主要矛盾出现新现象和新规律的必然战略调整和战略再定位，而不是在偶然事件冲击下的应急措施；是新阶段中国发展内外部因素综合作用的内生产物，而不是单纯外部条件影响形成的产物。党的十八大以来，党中央提出了一系列以内需拉动和创新驱动来促进经济发展的举措：2012 年底的中央经济工作会议提出，以"扩大内需、提高创新能力、促进经济发展方式转变"替代"简单纳入全球分工体系、扩大出口、加快投资"的传统模式；2014 年提出经济发展新常态，要求对三期叠加面临的深层次问题进行梳理；2015 年提出新发展理念和供给侧结构性改革，并进行了全面战略部署；2016 年的"十三五"规划，要求"要准确把握战略机遇期内涵的深刻变化，更加有效地应对各种风险和挑战，继续集中力量把自己的事情办好，不断开拓发展新境界"；2018 年中央经济工作会议，在深化供给侧结构性改革的基础上提出"畅通国民经济循环""促进形成强大国内市场"；2019 年的政府工作报告，将"畅通国民经济循环""持续释放内需潜力""促进形成强大国内市场"作为关键词；2019 年中央财经委员会第五次

① 习近平：《在经济社会领域专家座谈会上的讲话》，《人民日报》2020 年 8 月 25 日。

会议决定，要"坚持独立自主和开放合作相促进，打好产业基础高级化、产业链现代化的攻坚战"。因此，党中央在 2020 年提出"以国内大循环为主体、国内国际双循环相互促进的新发展格局"，是在过去持续探索的基础上，对以往各种政策构想和战略思维所进行的全面提升和综合。新发展格局的理论与新常态理论、新发展理念、供给侧结构性改革以及高质量发展理论一脉相承，是习近平新时代中国特色社会主义经济思想和中国特色社会主义政治经济学的新发展。

新发展格局不是封闭的国内循环，而是开放的国内国际双循环。从经济学意义上分析，国内大循环是以满足国内需求为出发点和落脚点，以国内分工体系和市场体系为载体，以国际分工和国际市场为补充和支持，以国民经济循环顺畅、国内分工不断深化、国家技术水平不断进步为内生动力的经济循环体系。国际大循环是以国际分工和国际市场为基础，以国际产业链和价值链为依托，以国际贸易、国际投资和国际金融为主要表现形式，各经济体基于比较优势相互竞争、相互依存的经济循环体系。在经济全球化的大背景下，国际大循环必然与各国经济循环相对接，各国经济也需要在开放中利用国际国内两个市场、两种资源才能实现更好的发展。新发展格局以国内大循环为主体，并不意味着不重视对外开放，也不意味着要挤压或放弃国际大循环，而是在更高水平融入国际经济循环体系的同时，从我国国情出发，遵循大国经济发展规律，以畅通国民经济循环为主构建新发展格局，以国内分工和技术创新的发展推动国际分工和国际技术创新的发展。

新发展格局不是对过去发展战略的否定，而是在新发展阶段对发展战略的提升和深化。改革开放以来，我国经济快速发展、综合国力大幅提升，为构建新发展格局奠定了坚实的供给基础、需求基础、制度基础、实践基础、理论基础，提供了战略窗口期。新发展格局是我们党顺应经济发展规律，着眼于发挥我国具有全球最完整且规模最大的工业体系、强大的生产能力、完善的配套能力、超大规模内需市场、投资需求潜力巨大等发展优势，是根据我国发展阶段、环境、条件变化提出的，是对既有发展战略的提升和深化。换言之，新发展格局是高质量发展在新发展阶段的具体体现，构建新发展格局依然要坚持稳中求进工作总基调，坚持新发展理念，坚持以供给侧结构性改革为主线，坚定实施创新驱动发展战略、乡村振兴战略、区域协调发展战略等一系列重大国家战略。同时，在新发展阶段实现更高质量发展，也需要根据内外部环境的变化，围绕构建新发展格局进行新一轮的顶层设计和总体规划。因此，新发展格局具有继承与创新辩证统一的内涵和特征。

新发展格局既是习近平新时代中国特色社会主义经济思想的最新理论成果，也是中国经济发展的必然实践。中国经济过去多年的快速发展已经为全面建立以国内大循环为主体的格局奠定了供给基础、需求基础和制度基础，新冠肺炎疫情及全球经济格局的加速变革，为全面启动新发展格局提供了前所未有的机遇。从供给层面看，中国已建立了全世界最为齐全、规模最大的工业体系，是全世界唯一拥有联合国产业分类中全部工业门类的国家，国内产业相互配套，规模效应、范围效应以及学习效应在产业体系中全面展现，产业链具有较好的自我循环能力。同时，"中国制造"开始向"中国智造""中国创新"转变，国内各经济主体拥有基本的创新能力和创新动力，政府主导下的基础研究和技术赶超体系、庞大市场诱导下的商业创新体系，为中国创新注入了自我创新的内生动力。从需求层面看，中国拥有超大规模市场，不仅具有 14 亿多的世界最大人口规模，更具有 4 亿人口的世界最大中等收入群体，消费品零售总额和进出口总额都位居世界前两位，并具有快速增长的潜力。可以看出，外需和内需的关系已经出现了重大的改变。从制度和机制层面看，改革持续推进，市场在资源配置中的决定性作用进一步发挥，统一公平的全国大市场也在各类基础性改革、供给侧结构性改革和

改善营商环境等举措的作用下逐步形成，国民经济在生产、分配、流通和消费等环节基本实现畅通。相对稳定、相对独立、富有效率、良性互动的国内经济大循环，已成为中国经济的基本盘。

构建新发展格局既是一个全局性的战略决策，也是一个着眼长久的战略决策。应当认识到，发展国内大循环，不是要让各地搞区域内循环或产业内循环，而是要促进各地区、各产业之间的分工协作和贸易流通，畅通整个国民经济循环。构建新发展格局，是应对中长期问题、重塑我国国际合作和竞争新优势的国家整体性战略决策，是事关全局的系统性深层次变革，是大国经济发展的客观要求，是应对世界百年未有之大变局在新冠肺炎疫情全球大流行下加速变化的必然选择，而不是应对某个局部、某一问题的被动之举。在理论和实践中，须从全国一盘棋的高度看待国内大循环，把新发展格局放在新时代中国特色社会主义发展的战略安排中来把握。

第二节　正确认识构建新发展格局的重大意义

加快形成以国内大循环为主体、国内国际双循环相互促进的新发展格局，是根据我国发展阶段、环境、条件变化作出的战略决策，是事关全局的系统性深层次变革。准确认识构建新发展格局的重大意义，需要从以下几个方面来认识和把握。

第一，构建新发展格局是实现中国经济高质量发展的内在要求。新发展格局是根据我国发展阶段、环境、条件变化提出来的。我国经济进入高质量发展阶段，社会主要矛盾已经转化为人民日益增长的美好生活需要和不平衡不充分的发展之间的矛盾，人均国内生产总值达到 1 万美元，城镇化率超过 60%，中等收入群体超过 4 亿人，人民对美好生活的要求不断提高。适应我国社会主要矛盾发展变化带来的新特征新要求，新发展格局强调扭住扩大内需这个战略基点，有助于更好地满足人民美好生活需要。构建新发展格局强调扩大内需的重要性，不是对过去的简单重复，而是要坚持转变发展方式，调整经济结构，依靠科技创新，培育经济增长新动能，形成更多新的增长极，提升发展的质量和效益，使发展成果更多惠及人民群众。未来一个时期，中国经济增长的内需潜力会不断释放，使生产、分配、流通、消费更多依托国内市场，满足人们的美好生活需要，提升供给体系对国内需求的适配性，形成需求牵引供给、供给创造需求的更高水平动态平衡，使新发展格局有持续、安全、高效、稳定的动力源和支撑面。

第二，构建新发展格局是提升我国产业链体系质量、维护经济安全的客观需要。中央政治局会议强调要"实现发展规模、速度、质量、结构、效益、安全相统一"[①]。经济安全突出反映在产业链、供应链体系的安全上。长期以来，中国在全球产业链中处于中低端，产品的附加值不够高，品牌效应不够强，某些高科技产品和技术对供应链的依赖性强，随时面临被断供"卡脖子"的风险，威胁着我国的产业和经济安全。因此，构建新发展格局，必须构建自主、安全、可控的产业链、供应链。一方面，要加快实施产业基础再造和产业链提升工程，巩固传统产业优势，强化优势产业领先地位，抓紧布局战略性新兴产业、未来产业，提升产业基础高级化、产业链现代化水平；另一方面，要利用我们全球最完备产业配套体系和超大规模市场的独特优势，做全球产业链、

---

① 《中共中央政治局召开会议 决定召开十九届五中全会 分析研究当前经济形势和经济工作 中共中央总书记习近平主持会议》，《人民日报（海外版）》2020 年 7 月 31 日。

供应链的"稳定器"。

第三，构建新发展格局是有效应对全球经济不确定性的战略选择。当今世界正在发生复杂深刻变化，全球经济放缓，贸易保护主义、单边主义、孤立主义等逆全球化思潮有所蔓延，加之罕见的新冠肺炎疫情冲击，全球化分工带来的产业链、供应链和价值链布局面临严峻挑战。面对全球经济日益加强的不确定性，构建新发展格局就要下好先手棋，在危机中育新机、于变局中开新局。关键是要做好自己的事，用改革开放的确定性应对外部的不确定性。通过构建以国内大循环为主体、国内国际双循环相互促进的新发展格局，着力释放内需潜能，在实现经济高质量发展的同时，为经济全球化注入新动能、注入确定性，引领经济全球化朝着更加开放、包容、普惠、平衡、共赢的方向发展，为构建人类命运共同体、实现合作共赢作出重要贡献。

第四，构建新发展格局是主动塑造和延长战略机遇期的必然选择。当前和今后一个时期，我国发展仍然处于战略机遇期，但机遇和挑战都有新的发展变化。以往中国的战略机遇期，客观上更依赖于外部环境出现有利变化，具有明显的外生性。随着中国成为第二大经济体，从追赶者、学习者逐渐向领跑者转变，竞争力、影响力和塑造力不断提升，更多地需要靠自己的努力争取和创造发展机遇。为此，要充分发挥我国兼具门类齐全的工业生产能力、超大规模的市场优势，在畅通双循环新发展格局中，加快推动完善和构建更加公平公正、包容普惠、互利共赢的规则体系，着力提升中国的国际规则制定权和话语权，为中国和世界各国经济发展创造更多的共享性和普惠性机遇。

我国在过去几十年间充分利用要素价格低廉的优势，通过出口导向型发展模式创造了世界经济发展史上的奇迹。近年来，随着外部环境和我国要素禀赋的变化，市场和资源两头在外的国际大循环动能明显减弱，发展空间受限。而我国内需潜力不断释放，国内大循环活力日益强劲，为构建新发展格局奠定了坚实基础。事实上，自 2008 年国际金融危机以来，中国经济已经在向以国内大循环为主体转变。顺应这一转变，加快构建新发展格局，有利于充分发挥国内超大规模市场优势，通过繁荣国内经济为中国经济发展和世界经济发展增添强劲动力。

Sec.3 第三节　畅通国内大循环

当今世界面对百年未有之大变局，新一轮科技革命和产业变革蓬勃兴起，如何充分发挥国内超大规模市场优势，繁荣国内经济、畅通国内大循环，为本国经济发展增添动力，并带动世界经济复苏，既是世界各国面临的重要课题，也是中国在新开局中必须面对的历史环境和重要任务。

第一，畅通国民经济循环体系的血脉，着力打通各环节堵点。国民经济循环体系包括生产、分配、流通、消费等环节，畅通内循环必须着力打通国民经济循环体系中各环节的堵点。在生产环节，要通过科技创新和科技自立自强，打好关键核心技术攻坚战，特别要把发展经济着力点放在实体经济上，建设现代化经济体系；特别是要优化供给结构，改善供给质量，提升供给体系对国内需求的适配性。在分配领域，重点是优化收入分配结构、深化收入分配制度改革，培育更多的中等收入群体，建立稳定脱贫的长效机制，提高居民收入在国民收入分配中的比重。在流通领域，重点是建设现代流通体系，降低整体物流运输成本，建设交通强国。在消费环节，重点是扩大消费需求，完善消费政策，促进消费升级和释放消费潜力，增强消费对经济发展的基础性作用，全面

促进消费。

第二，紧紧扭住扩大内需这个战略基点，形成高水平动态平衡。内需是我国经济发展的基本动力。扭住扩大内需这个战略基点，就要把满足国内需求作为发展的出发点和落脚点，使生产、分配、流通、消费更多依托国内市场，提升供给体系对国内需求的适配性，形成需求牵引供给、供给创造需求的更高水平动态平衡；适应我国消费结构升级进程加快的趋势，既稳步提高居民收入水平、打通阻碍释放消费潜力的痛点和堵点，又积极扩大优质商品进口，满足不同类型人群的消费需求；用好积极财政政策，扩大有效投资，加快新型基础设施建设，深入推进重大区域发展战略，加快国家重大战略项目实施步伐，促进技术进步和战略性新兴产业发展。畅通国内大循环，供求平衡关系不仅体现在静态视角下供求的总量平衡，而且体现在适配性上的高水平动态平衡。

第三，坚持科技自立自强，牢牢抓住突破关键核心技术这个关键。实践证明，只有坚持科技自立自强，坚持把关键核心技术牢牢掌握在自己手里，才能建立起不受制于人的产业链供应链，畅通国内大循环。提升自主创新能力、突破关键核心技术，不仅是成功构建新发展格局、实现高质量发展的关键，而且是建设更高水平开放型经济新体制、形成国际合作和竞争新优势的关键，关乎我国发展全局和经济安全。要发挥新型举国体制优势，加强科技创新和技术攻关，强化关键环节、关键领域、关键产品保障能力；对标世界一流，加强前沿探索和前瞻布局，打好关键核心技术攻坚战，提升产业链供应链现代化水平，打造发展新优势。

第四，深化改革消除市场扭曲，降低交易成本。一方面，尽快打破各类要素在国内市场自由流动的障碍、打破地方保护主义，切实消除国内循环中的各种堵点、痛点，切实降低交易成本，使各类资源能在国内大循环中实现优化配置，充分释放我国自身消费潜力，通过繁荣国内经济、畅通国内大循环为我国经济发展增添动力。另一方面，积极推进要素市场化改革，发挥市场在资源配置中的决定性作用，实现土地、劳动、资本、技术、数据等生产要素合理配置；同时，推进利率市场化改革和金融业竞争机制，强化金融服务实体经济的作用，发挥金融体制改革的先导性作用，形成以金融改革促科技创新局面。

第五，积极培育公平竞争环境，提高市场运行效率。公平竞争是市场体系高效运行的基本规则，必须保证市场主体之间的公平竞争，发挥竞争政策的基础性作用。一方面，切实深化国有企业分类改革，通过推进公益性企业回归公益定位实现国有经济战略功能，通过推进商业类企业回归企业属性成为真正的市场主体，从而促进公平竞争市场环境的形成。深化国有企业改革绝不仅是为了国有企业自身做强做优做大，还要有利于培育公平公正的市场竞争环境，促进整个经济的高质量发展。另一方面，正确处理产业政策与竞争政策的关系，充分发挥竞争政策的基础性作用。我国总体上处于从工业化后期向后工业化时代过渡、开始高质量工业化的时期，产业结构日益完备，产业技术水平逐步向全球技术前沿靠近，长期以来形成的与我国工业化初中期阶段相适应的、选择性产业政策主导的政策体系，已越来越不适用了，产业政策将更多强调科技服务体系建设，竞争政策将越来越发挥基础性作用。从国际市场看，我国要实现更大范围、更高水平的市场开放，通过加强知识产权保护、强化竞争政策等举措，积极融入新的多边贸易投资规则，以实现国内国际双循环相互促进的新发展格局。

第六，构建金融有效支持实体经济的体制机制。金融是实体经济的血脉，为实体经济服务是金融的天职，是金融的宗旨。要把为实体经济服务作为出发点和落脚点，全面提升服务效率和水平。近年来，在一系列金融监管及治理举措推动下，金融业回归本源，服务实体经济能力明显提升，特别是新冠肺炎疫情期间，通过结构性政策、创新直达实体经

济的货币政策工具等多种形式提升支持实体经济的有效性。今后，提升金融支持实体经济的有效性，可以重点聚焦以下方面：一是建设现代中央银行制度，完善货币供应调控机制，提升货币政策的精准导向，畅通利率传导机制，有效调节社会融资成本。二是完善协调互补的银行体系，促进大型银行发挥头雁作用，中小银行聚焦服务地方经济、打造服务特色，提升政策性金融作用，增强金融普惠性。三是推动金融、房地产同实体经济均衡发展，实现上下游、产供销有效衔接，促进农业、制造业、服务业、能源资源等产业门类关系协调。四是健全多层次资本市场，提高直接融资比重，继续推进注册制改革，完善退市机制。

Sec. 4 第四节　促进国内国际双循环

新发展格局是在大力度改革、高水平开放下形成的，不是国内国际各自独转，而是相互配合、融合发展。推动国内国际双循环相互促进，是构建新发展格局的关键所在。

第一，立足国内大循环增强吸引力。"十四五"时期我国进入新发展阶段后，要在立足国内大循环，发挥大国规模、劳动力素质等综合优势的基础上，一手建设强大国内市场，一手建设贸易强国，以国内大循环吸引全球资源要素。重点是充分利用国内国际两个市场、两种资源，有效促进内需和外需、进口和出口、引进外资和对外投资协调发展。当前，我国人均国内生产总值已经突破1万美元，到2035年将再迈上新的大台阶，形成最具潜力和优势的大市场。随着一系列深化改革举措的推出，新的市场需求和发展空间不断被激发，中国必将成为世界上最具吸引力、最具增长空间的超级消费大市场。到 2035 年，中国将基本实现新型工业化、信息化、城镇化、农业现代化，投资需求空间巨大，前景可期。经过多年的"学中干"与"干中学"，中国的产业综合配套能力位居世界前列，属于全球产业链供应链的"枢纽"。

第二，提升经济治理水平扩大影响力。制度优势是一个国家的最大优势，促进国内国际双循环，必须在促进内外贸一体化发展上下功夫，提升经济治理水平。"十四五"期间，要建设更高水平的开放型经济新体制，继续开展贸易和投资自由化便利化，完善公开透明的涉外法律体系，强化知识产权保护，维护外资企业合法权益，推动跨境电商等新业态新模式加快发展，培育外贸新动能。要优化国内国际市场布局、商品结构、贸易方式，同时做好高质量引进来与高水平走出去两篇大文章。要推动共建"一带一路"高质量发展，深入推进政策沟通、设施联通、贸易畅通、资金融通和民心相通，共建产业链供应链合作体系。要积极参与全球经济治理体系改革，推动世界贸易组织改革，推动多元化的双边、多边区域投资贸易合作，推动现有自由贸易区迈向更高标准。

第三，构建现代物流体系提升竞争力。作为连接生产和消费的重要纽带，物流对营造低成本、高效率、强辐射的供应链环境至关重要，必须把建设现代物流体系作为促进国内国际双循环的一项重要战略任务。"十三五"时期，我国现代物流业质量显著提升，社会物流成本水平大幅度下降，物流新业态蓬勃发展，国际物流突飞猛进。"十四五"期间，要建设现代综合运输体系，重点抓好扩大物流基础设施建设力度，构建安全可靠的现代供应链体系，推动形成内外联通、安全高效的物流网络。要通过创新赋能现代物流体系，推进物流业向集约化、智能化、标准化方向发展，提高现代物流体系的韧性。要完善现代物流保障体系，构建产品全链条追溯体系，强化支付结算等金融配套设施，进一步提高物流效率。

第四，实行高水平对外开放。中国开放的大门不会关闭，只会越开越大。高水平对外开放有利于加快形成以国内大循环为主体、国内国际双循环相互促进的新发展格局。一是关税的逐步下调和商品进口的扩大将更大地释放内需活力。目前，中国关税平均水平低于大多数发展中国家，为外国商品更大规模、更低成本进入中国市场创造了有利条件，不仅让各国共享中国发展红利，更有助于在某些领域缓解人民日益增长的美好生活需要与不平衡不充分的发展之间的矛盾，有利于人民生活品质的提升。同时，也可以节约土地、能源等要素的使用，使之更为集中、高效地投入中国具有比较优势的战略性产业和项目，推动国内大循环的发展。二是基于全球经贸规则的制度型开放将更有利于促进中国经济高质量发展。为推动更高水平开放，以保障商品和要素自由流动为主的流动型开放正在向规则导向的制度型开放转变，开放措施也从关税等边境措施向规则、规制、管理、标准等边境内措施延伸。要继续完善内外贸一体化调控体系，促进内外贸法律法规、监管体制、经营资质、质量标准、检验检疫、认证认可等相衔接，推进同线同标同质。三是打造更具国际竞争力的营商环境。加快推动由商品和要素流动型开放向规则、规制、管理、标准等制度型开放转变，进一步推进简政放权，大幅度放宽市场准入，吸引国际资源来华投资发展。可考虑把深圳、北京、上海、浙江等地有利于改善营商环境的改革做法在更大范围内推广，并逐渐以制度形式把改革成果确定下来。

第五，建设良好的国内外产业生态。一方面，强化国内外产业链的关联和互动。近几年，经济全球化遭遇逆风，疫情可能加剧逆全球化趋势，各国内顾倾向明显上升。我们要主动适应全球化新形势，积极调整国内外产业链布局，形成以国内产业链为基础、努力向国外中高端产业链延伸、内外兼顾的国内国外产业链新布局。利用我国和东亚等国在技术链和产业链方面较强的关联度，打造以我国为中心的亚洲垂直供应产业链。另一方面，防止两个循环生态体系的脱钩。坚持进口与出口并重、利用外资和对外投资协调，增强国际国内两个市场、两种资源的黏合度。在疫情防控逐步步入常态化后，更须注重恢复国际供应链。同时，要帮助一些外贸企业克服困难，支持出口产品转内销，积极拉动国内消费回升、扩大有效投资，促进国内外市场有效贯通。

第六，统筹好安全与发展的关系。一方面，凡是愿意同我们合作的国家、地区和企业，我们都要积极开展合作，形成全方位、多层次、多元化的开放合作格局；另一方面，越开放越要重视安全，越要统筹好发展和安全。开放合作是战略层面的，应以全局性的眼光不断优化营商环境，与所有遵守市场规则和契约精神、不损害中国国家和企业合法利益的国家、地区和企业展开全面合作。同时，在扩大开放中也要增强风险防控和监管能力，对危害中国国家安全及有损中国企业合法权益的各类行为预设应对"政策工具箱"，坚决维护主权、安全、发展利益。

Sec. 5 第五节　加快培育完整内需体系

构建完整的内需体系，关系我国长远发展和长治久安。构建新发展格局，必须坚定实施扩大内需战略，加快构建完整内需体系。在这一过程中，要用好改革关键一招的作用，重点是把实施扩大内需战略同深化供给侧结构性改革有机结合起来，以创新驱动、高质量供给引领和创造新需求，发挥"中国制造＋中国消费"的超大规模市场优势，推动形成需求牵引供给、供给创造需求的更高水平的动态平衡。

第一，夯实国内循环体系的体制基础，相应的制度建设和改革措施

必须先行。构建新发展格局，需要坚持问题导向、回应社会关切，不断在关键性基础性改革上实现突破。要坚持和完善"两个毫不动摇"，营造各种所有制经济依法平等使用生产要素、公平参与市场竞争、同等受到法律保护的体制环境。要积极探索生产要素市场化配置的体制机制，深入推进要素市场化改革，实现要素价格市场决定、流动自主有序和配置高效公平。要加快金融体制和资本市场改革，增强服务实体经济和现代化经济体系的能力。总的来看，要在更高起点、更高层次、更高目标上推进经济体制改革，构建高水平社会主义市场经济体制，为夯实国内循环体系提供制度保障。

第二，优化国内循环体系的空间布局，实现各类要素在国内各区域间的自由流动。优化国土空间布局，打通"区块""省域"和"城市""城乡"等不同区域空间之间的经济循环，加快构建统一开放、竞争有序的现代市场体系。在具体实践中，要持续推进西部大开发、东北振兴、中部崛起、东部率先发展；以京津冀、长三角、粤港澳大湾区等为重点，布局战略性新兴产业和未来产业；在中西部地区打造新的增长极和增长点，优化区域空间格局，畅通区域之间生产要素配置循环，加强区域、城乡等不同级次的产业连接融合，推进以人为核心的新型城镇化建设，保证国内大循环畅通。

第三，筑牢国内循环体系的产业根基，实施产业基础再造和产业链提升工程。平衡好制造业产业链外迁和向中西部地区转移的关系，科学部署重大生产力布局和产业项目。在巩固传统产业链优势的基础上，提前布局战略性新兴产业、新型基础设施建设等，推进5G、大数据、人工智能、量子科技等新技术与重大基础设施的深度融合，提升产业系统化、智能化创新能力。坚持创新在我国现代化建设全局中的核心地位，强化科技自立自强，注重数字经济产业化的叠加效应、乘数效应，加快数字化发展。发挥企业在筑牢产业根基中的主体作用，加大对重要链条和关键环节的研发力度，补齐关键核心技术和关键零部件短板，努力实现一些颠覆性创新。着力培育一批"专精特新"企业，构建大中小企业融通发展的新型产业合作体系，培育一批具有国际竞争力的先进制造业集群。

第四，全面促进消费，发挥消费对经济增长的拉动作用。增强消费对经济发展的基础性作用，顺应消费升级趋势，提升传统消费，培育新型消费，适当增加公共消费。以质量品牌为重点，促进消费向绿色、健康、安全发展，鼓励消费新模式新业态发展。推动汽车等消费品由购买管理向使用管理转变，促进住房消费健康发展。健全现代流通体系，发展无接触交易服务，降低企业流通成本，促进线上线下消费融合发展，开拓城乡消费市场。发展服务消费，放宽服务消费领域市场准入。完善节假日制度，落实带薪休假制度，扩大节假日消费。培育国际消费中心城市。改善消费环境，强化消费者权益保护。

第五，培育新消费业态，推动消费提质增效升级。从当前中国经济结构看，消费已成为经济发展的主要动力源。通过推动消费结构、消费需求偏好以及消费方式的转变，能够有效打造新业态，打造新的消费热点。一是通过发放新消费补贴巩固新业态。对在新冠肺炎疫情期间表现突出的在线教育、在线医疗企业给予公共消费专项支持，通过发放消费券方式，鼓励学生或在职人员参加在线学习，鼓励患者进行远程问诊；探索对求职类网络平台给予补贴，以求职人员稳定入职达到一定期限为基本考核条件，采取事后补贴的方式对网络平台给予经费支持，以网络就业促进社会就业。二是通过引导新消费模式发展新业态。进一步提升社区商业网点标准化水平，强化社区商业与线上平台深度整合，使社区商业网点作为线上购物的自提点或配送点，拓宽社区商业商品供给渠道，提升社区消费能力；鼓励智能货柜经营企业与电商企业、快递企业等利益主体协调合作，建立合理利益分配机制，有效盘活货柜资源，助

力新业态健康发展。

第六，拓展投资空间，通过有效投资促进消费增长。要优化投资结构，保持投资合理增长，发挥投资对优化供给结构的关键作用。加快补齐基础设施、市政工程、农业农村、公共安全、生态环保、公共卫生、物资储备、防灾减灾、民生保障等领域短板，推动企业设备更新和技术改造，扩大战略性新兴产业投资。推进新型基础设施、新型城镇化、交通水利等重大工程建设，支持有利于城乡区域协调发展的重大项目建设。实施川藏铁路、西部陆海新通道、国家水网、雅鲁藏布江下游水电开发、星际探测、北斗产业化等重大工程，推进重大科研设施、重大生态系统保护修复、公共卫生应急保障、重大引调水、防洪减灾、送电输气、沿边沿江沿海交通等一批强基础、增功能、利长远的重大项目建设。发挥政府投资撬动作用，激发民间投资活力，形成市场主导的投资内生增长机制。

第八章

新发展任务明确了近期目标和远景目标

　　天下之事，非新无以为进。新冠肺炎疫情这只"黑天鹅"带来的冲击和不确定性，引发了世界百年未有之大变局下诸多具有新特点的新变局。要实现"于变局中开新局"，就需要我们准确"识"变、科学"应"变、主动"求"变，以新时代发展任务为根本路径，把握好谋大局、开新局的发力点和突破口，在"觅新机开新局"中打好发展"主动仗"。

Sec. 1 第一节 推动经济体系优化升级

习近平总书记强调，国家强，经济体系必须强。随着中美经贸摩擦升级、新冠肺炎疫情暴发等一系列重大事件的发生，我国面临的国际国内发展环境日益复杂，风险挑战不断增加。与此同时，我国经济已由高速增长阶段转向高质量发展阶段，正处在转变发展方式、优化经济结构、转换增长动力的攻关期，建设现代化经济体系是跨越关口的迫切要求和我国发展的战略目标。[①]

党的十九届五中全会明确提出"加快发展现代产业体系，推动经济体系优化升级"，既是建设现代化经济体系、推动经济高质量发展的必然要求，也是重塑我国产业竞争新优势、构建新发展格局的重要举措。这是中央基于我国进入新发展阶段后，针对产业运行面临的新环境新要求新矛盾新挑战，作出的重大战略部署。[②]

第一，推动经济体系优化升级，要以实体经济为根基。实体经济是一国经济的立身之本，是财富创造的根本源泉，是国家强盛的重要支柱。改革开放至今，我国一跃成为世界第二大经济体，这与实体经济尤其是制造业领域的深耕细作密不可分。在抗击新冠肺炎疫情的大战大考中，我国完备的产业体系、强大的动员组织和产业转换能力，在有效保障和满足国内抗疫需求的同时，也为全球抗疫提供了有力支持。当前我

[①] 《习近平谈治国理政》第三卷，外文出版社 2020 年版，第 240 页。

[②] 参见黄汉权：《加快发展现代产业体系 推动经济体系优化升级》，《经济日报》2020 年 11 月 23 日。

国经济发展进入新常态，"热钱"向房地产、金融领域汇聚，而制造业投资热情减退、收益率不断下降，这是值得我们深思和警惕的。我们必须充分认识大力发展实体经济的重要性，加快发展先进制造业，推动互联网、大数据、人工智能同实体经济深度融合，推动资源要素向实体经济集聚、政策措施向实体经济倾斜、工作力量向实体经济加强，营造脚踏实地、勤劳创业、实业致富的发展环境和社会氛围，有力夯实实体经济这一经济发展的根基。

第二，推动经济体系优化升级，要以创新驱动为引领。加快实施创新驱动发展战略，强化现代化经济体系战略支撑，推动科技创新和经济社会发展深度融合，塑造更多依靠创新驱动、更多发挥先发优势的引领型发展。我国经济发展正处于转型升级的关口，突破一系列瓶颈、解决深层次矛盾问题的根本出路和动力在于把发展基点放在创新上。加快科技创新是推动高质量发展的需要，是推动质量变革、效率变革、动力变革，建设现代经济体系的强大支撑。当前，我国已经坐稳世界第二大经济体的位子，但大而不强、"卡脖子"问题还比较突出，主要体现在创新能力不强，这是我国这个经济大块头的"阿喀琉斯之踵"。面对新时代发展环境的变化，如果创新能力搞不上去，发展动力不能顺利实现转换，实现新时代经济高质量发展就难以做到，我国在全球大国博弈、发展竞争中就会处于下风。强化创新思维，通过创新引领和驱动发展已经成为我国发展的迫切要求，事关中华民族是否能够实现伟大复兴。

第三，推动经济体系优化升级，要以数字经济为赋能。近年来，数字经济在我国新型工业化、信息化、城镇化、农业现代化实现过程中，发挥了对实体经济的重塑作用。面对新冠肺炎疫情冲击，数字经济更是成为全球对冲疫情影响、重塑经济体系和提升治理能力的重要力量。可以说，发展数字经济已经成为世界各国发展经济、推动经济复苏的重要方向。但数字经济不是凭空出现，而是脱胎于高端的实体制造；数字技术也只有与生产相结合，以实体经济为载体，才能发挥其价值作用。所以，站在新起点，以数字经济为引领推动经济体系优化升级，不能只是单纯地用数字经济去赋能实体经济，而应当是两者深度融合、相互成就、协同共进的过程，以5G、工业互联网的集成创新和融合应用为突破口，推动数字产业化、产业数字化，加强数据汇集整合应用和开放共享，深化生产专业化的分工程度，从而融合要素、生产、消费多方力量，形成促进经济整体提质增效、高质量发展的合力，实现整体产业的转型升级。这才是我国经济实现高质量发展的必由之路。

第四，推动经济体系优化升级，要以"新基建"为支撑。习近平总书记在浙江考察时强调，要抓住产业数字化、数字产业化赋予的机遇，加快5G网络、数据中心等新型基础设施建设。这一决策既是应对经济下行压力的客观需要，更是在深刻洞察和把握世界科技与产业变迁大趋势基础上作出的战略抉择。打造经济发展新动能，离不开信息化、数字化、智能化的强力支撑。随着新一代信息技术的发展，数字经济蓬勃兴起，原有基础设施体系的不适应问题逐渐凸显，已经不能满足现代化产业体系转型升级的现实需要。传统基建解决了物和人的连接，公路、机场的修建给区域带来繁荣的商业。数字化新基建则解决了数据的连接、交互和处理问题。与传统基建相比，新型基础设施建设内涵更加丰富，涵盖范围更广，更能体现数字经济特征，尤其侧重于突出产业转型升级的新方向，一旦在新一轮全球科技革命和产业革命中建立先发优势，将抢占未来产业发展主动权。基于新时代新使命，基础设施体系也就必然要进行战略性调整，信息基础设施的"技术新"、融合基础设施的"应用新"、创新基础设施的"基础新"，都将给产业升级带来更大的空间，推动形成新的产品服务、新的生产体系和新的商业模式，为中国经济体系有效升级提供有力支撑和保障。

第五，推动经济体系优化升级，要提升产业链供应链现代化水平。

党的十九届五中全会提出"提升产业链供应链现代化水平",并强调"实行高水平对外开放,开拓合作共赢新局面","加强国际产业安全合作,形成具有更强创新力、更高附加值、更安全可靠的产业链供应链"。产业链供应链既是国与国之间竞争力的体现,也是大国国内经济循环畅通的关键。产业链供应链的现代化,对于推动我国高质量发展、跨越中等收入陷阱、实现国家全面现代化具有长远的、基础的、重要的战略意义。当今世界,全球正经历百年未有之大变局,新冠肺炎疫情的冲击加速了既有的产业链关系、上下游关系、市场供求关系的调整,全球产业竞争格局正在重构。在这个大背景和大趋势下,必须抓住现有产业链供应链国际价值分工调整的契机,坚持以深化供给侧结构性改革为主线,加速构建国内国际双循环新格局,在开放合作中不断完善国内市场体系,用系统性办法解决产业链供应链结构性问题,畅通生产、分配、流通、消费各个环节,实现上下游、产供销有效衔接、高效运转,推动实体经济、科技创新、现代金融、人力资源协同发展,使我国的产业链、供应链、价值链有机嵌入全球的产业链、供应链、价值链,增强我国在这些链条上的不可替代性。①

Sec. 2
第二节 **构建高水平社会主义市场经济体制**

社会主义市场经济体制是中国特色社会主义的重大理论和实践创新,是社会主义基本经济制度的重要组成部分。不同于西方市场经济以

---

① 参见石建勋:《以更高水平对外开放 提升产业链供应链现代化水平》,《光明日报》2020年11月17日。

生产资料私有制为基础，中国特色社会主义市场经济是社会主义和市场经济的有机结合，具有党的领导的政治优势，同时发挥社会主义制度的优越性和市场资源配置的长处，也是中国经济之所以取得增长奇迹的重要原因。从历史发展来看，凡是在经济领域用市场化方法去制定政策或改革的，都取得了更大发展。从区域来看，我国东部及沿海地区市场化程度高，经济发展也就快。从行业来看，凡是实施市场化程度高的行业，如制造业市场化的范围比较广，开放程度高，国内的企业尤其是民营企业敢于与外国企业竞争，就发展得比较好。①

改革开放 40 多年来，我国社会主义市场经济体制已经基本确立，为我国发展取得历史性成就提供了重要制度基础。经济体制改革成功实现了我国从高度集中的计划经济体制到充满活力的社会主义市场经济体制的伟大转变，极大调动了亿万人民的积极性，极大促进了生产力发展，极大增强了党和国家的生机活力，创造了世所罕见的经济快速发展奇迹，为我国从站起来到富起来、再到强起来提供了强大动力和体制保障。习近平总书记指出，从传统的计划经济体制转变到社会主义市场经济体制，是"前无古人"的改革之举，强调"前进道路上，我们必须毫不动摇巩固和发展公有制经济，毫不动摇鼓励、支持、引导非公有制经济发展，充分发挥市场在资源配置中的决定性作用，更好发挥政府作用，激发各类市场主体活力"②。

贯彻新发展理念，建设现代化经济体系，必须加快完善社会主义市场经济体制。党中央专门就社会主义市场经济问题形成三份纲领性文件。1993 年 11 月，党的十四届三中全会审议通过的《中共中央关于建立社会主义市场经济体制若干问题的决定》，是开启社会主义市场经济

---

① 参见卢现祥：《加快完善社会主义市场经济体制》，《湖北日报》2018 年 12 月 23 日。
② 习近平：《在庆祝改革开放 40 周年大会上的讲话》，《人民日报》2018 年 12 月 19 日。

体制改革的重要标志。2003 年 10 月，党的十六届三中全会审议通过的《中共中央关于完善社会主义市场经济体制若干问题的决定》，是社会主义市场经济体制不断完善的重要标志。2020 年 5 月出台的《中共中央 国务院关于新时代加快完善社会主义市场经济体制的意见》，在更高起点、更高层次、更高目标上推进经济体制改革及其他各方面体制改革，是构建更加系统完备、更加成熟定型的高水平社会主义市场经济体制的标志。这些纲领性文件的出台是我们党对科学把握市场与政府的关系进行的深刻总结，为当前和今后一个时期深化社会主义市场经济体制改革明确方向。

同时要看到，进入经济新常态和中国特色社会主义新时代，社会主要矛盾发生变化，经济已由高速增长阶段转向高质量发展阶段，与这些新形势新要求相比，我国市场体系还不健全、市场发育还不充分，政府与市场的关系尚未完全理顺，资源配置受阻，还存在市场激励不足、要素流动不畅、资源配置效率不高、微观经济主体活力不强等问题，推动高质量发展仍存在不少体制机制障碍，必须进一步解放思想，坚定不移深化市场化改革，扩大高水平开放，不断在经济体制关键性基础性重大改革上突破创新。[①]

第一，坚持社会主义基本经济制度是基础。基本经济制度在制度体系中具有长期性和稳定性，决定着经济发展的质量和效益。我们党在坚持基本经济制度上的观点是明确的、一贯的，而且是不断深化的，从来没有动摇的。构建高水平社会主义市场经济体制，必须坚持和完善社会主义基本经济制度，在基本经济制度框架内形成以公有制为主体、多种所有制经济共同发展的所有制结构，形成公有制经济、非公有制经济相

---

① 《中共中央 国务院关于新时代加快完善社会主义市场经济体制的意见》，新华网 2020 年 5 月 18 日，http://www.xinhuanet.com/politics/2020-05/18/c_1126001431.htm。

辅相成、相得益彰的好局面，激发各类市场主体活力。中国特色社会主义进入新时代，改革进入攻坚克难的关键时期，来自各方面的风险挑战比以往任何时候都多。在这种情况下，必须毫不动摇巩固和发展公有制经济，激发国有企业活力，加快国有经济布局优化和结构调整，加快完善中国特色现代企业制度，健全管资本为主的国有资产监管体制，发展混合所有制经济，分层分类深化国有企业混合所有制改革，因地、因业、因企施策，支持民营企业、社会资本参与国有企业混合所有制改革，做强做优做大国有资本和国有企业，以提升自主创新能力增强新发展动能，以深化国资国企改革激发新发展活力，增强国有经济竞争力、创新力、控制力、影响力和抗风险能力。同时，必须毫不动摇鼓励、支持、引导非公有制经济发展，激发民营企业活力，优化民营经济发展环境，依法平等保护民营企业产权和企业家权益，完善促进中小微企业发展的法律环境和政策体系，支持企业积极参与市场合作竞争，进一步激发企业活力和创造力。

第二，正确处理好市场和政府关系是核心。在现代市场经济中，政府是经济管理和调控主体、涉及发展全局的重大利益协调主体，市场是政府同各类微观经济运营主体连接起来的桥梁和配置各类资源的基础环节。市场作用和政府作用是相辅相成、相互促进、互为补充的。习近平总书记指出，深化经济体制改革，核心是处理好政府和市场关系，使市场在资源配置中起决定性作用和更好发挥政府作用。这就要讲辩证法、两点论，"看不见的手"和"看得见的手"都要用好①。中国特色社会主义市场经济是在尊重并发挥市场配置资源决定作用基础上的社会主义市场经济。进入新发展阶段，贯彻新发展理念，构建新发展格局，更加

① 习近平：《保持锐意创新勇气蓬勃向上朝气 加强深化改革开放措施系统集成》，《人民日报》2016 年 3 月 6 日。

需要正确处理市场与政府关系，必须进一步明确市场和政府在经济社会发展中的作用定位，厘清市场和政府边界，在社会主义基本制度与市场经济的结合上下功夫，增强二者的适应性、匹配度、融合度，充分发挥两个方面的作用和优势，更好发挥我国制度优势，实现市场机制有效、微观主体有活力、宏观调控有度，推动经济高质量发展。

第三，建设更高水平开放型经济新体制是方向。习近平总书记强调，中国坚持改革开放不动摇。中国越发展，就越开放。40多年的经济体制改革表明，开放得越好的时机，也是改革越有成效的时机。要把对外开放与深化市场经济体制改革有机结合起来，形成全方位、多层次、宽领域的全面开放新格局，这与逐步形成以国内大循环为主体、国内国际双循环相互促进的新发展格局是一脉相承的。建设更高水平开放型经济新体制，就是要进一步打通国内国际两个市场、高效利用国内国际两种资源，形成统一开放、竞争有序的现代市场体系，充分发挥市场在资源配置中的决定性作用，更好发挥政府作用，促进国内国际要素资源有序自由流动、全球高效配置。发展没有止境，改革开放不能止步。建设更高水平开放型经济新体制，必须实施更大范围、更宽领域、更深层次的全面开放，推动建立与国际贸易相契合的经济新体制，积极参与并推动完善全球经济治理体系，为新时代坚持和完善中国特色社会主义制度提供强大支撑，为加快构建高水平社会主义市场经济体系、推动经济高质量发展提供强大动力。

第四，构建高效公平的要素市场化配置机制是关键。完善要素市场化配置是深化经济体制改革、建设高水平社会主义市场经济体制的客观要求。按照《中共中央 国务院关于新时代加快完善社会主义市场经济体制的意见》的部署，建设高标准市场体系的重点之一是健全市场体系基础制度，完善要素市场化配置。当前，我国已进入高质量发展阶段，对市场秩序不规范、生产要素市场发展滞后、市场规则不统一、市场竞争不充分等问题，必须破除制约高质量发展的体制机制性障碍，加快建设统一开放、竞争有序的市场体系，加速土地、劳动力、资本、技术和数据等要素市场化配置改革，为构建高水平社会主义市场经济体制奠定坚实基础。只有依靠改革，破除阻碍要素充分公平自由流动的体制机制障碍，抓紧解决要素产权不清晰、市场化交易机制不健全、市场发育不足等问题，形成有效的激励机制，让市场在所有能够发挥作用的领域都充分发挥作用，推动资源配置实现效益最大化和效率最优化，让企业和个人有更多活力和更大空间去发展经济、创造财富，才能从根本上盘活"沉睡"的要素资源，激发潜能，使之成为推动经济发展的重要动能。

Sec. 3　第三节　全面推进乡村振兴

党的十九届五中全会提出的"优先发展农业农村，全面推进乡村振兴"，与党的十九大报告中关于"实施乡村振兴战略"的论述一脉相承。这是党中央作出的重大决策，是"十四五"时期"三农"工作的主题主线，为促进农业全面升级、农村全面进步、农民全面发展提供了重要遵循，必将带来农业大发展、农村大变化。

实施乡村振兴战略是关系全面建设社会主义现代化国家的全局性、历史性任务。习近平总书记一直强调，没有农业农村现代化，就没有整个国家现代化。在现代化进程中，如何处理好工农关系、城乡关系，在一定程度上决定着现代化的成败。从世界各国现代化历程看，有的国家没有处理好工农关系、城乡关系，大量失业农民涌向城市贫民窟，乡村和乡村经济走向凋敝，工业化和城镇化走入困境，甚至造成社会动荡，

最终陷入"中等收入陷阱"。

党的十八大以来，以习近平同志为核心的党中央推动"三农"工作理论创新、实践创新、制度创新，坚持把解决好"三农"问题作为全党工作重中之重，实施重大举措和开展开创性工作，加快推进乡村振兴，脱贫攻坚成果举世瞩目，粮食生产连续五年保持稳定，我国农业农村发展取得了历史性成就、发生了历史性变革，说明我们党具备统筹处理工农关系、城乡关系的高超能力，也表明实现农业农村现代化还有很大的发展空间、很好的条件，能够为整个国家现代化提供坚实支撑和强大推力[1]。同时，应当清醒地看到，对标"十四五"时期"农业基础更加稳固"的目标，对标2035年基本实现农业现代化的远景目标，我国农业农村基础差、底子薄、发展滞后的状况尚未根本改变，经济社会发展中最明显的短板仍然在"三农"，现代化建设中最薄弱的环节仍然是农业农村。全面实施乡村振兴战略、推进农业农村现代化，是全面建设社会主义现代化国家的重大任务，是解决发展不平衡不充分问题的重要举措，是推动农业农村高质量发展的必然选择[2]。做好乡村振兴这篇大文章，要从全局的要求和高度深刻认识、科学谋划新征程上推进乡村振兴的目标内涵和方法路径，全面推进乡村振兴，实现乡村全面振兴。

第一，以党的领导全面统筹乡村振兴。党管农村工作是我们的最大政治优势，也是我国农村改革发展成功经验的最集中体现。党的十八大以来，习近平总书记强调，农业农村农民问题是关系国计民生的根本性问题，把解决好"三农"问题作为全党工作重中之重，是我们党执政兴国的重要经验，必须长期坚持、毫不动摇。脱贫攻坚之所以取得伟大胜利，关键也在于党的坚强领导，举全党全社会之力推进，习近平总书

① 经济日报评论员：《优先发展农业农村　全面推进乡村振兴——论学习贯彻党的十九届五中全会精神》，《经济日报》2020年11月6日。
② 参见胡春华：《加快农业农村现代化》，《人民日报》2020年12月1日。

记亲自挂帅、亲自出征、亲自督战，五级书记抓脱贫攻坚。实践证明，始终坚持加强和改善党对农业农村工作的全面领导，才是全面推进乡村振兴最坚实的政治保证。要切实抓好《中国共产党农村工作条例》的贯彻落实，把党的全面领导落实到乡村振兴各领域全过程，加强落实五级书记抓乡村振兴的领导责任，特别是督促县委书记把主要精力放在"三农"工作上，当好乡村振兴"一线总指挥"，真正把农业农村优先发展总方针转化为具体的政策举措，集中资源、增加投入、选派干部、硬核考核，为乡村全面振兴提供坚强政治和组织保障。

第二，以规划引领全面谋划乡村振兴。习近平总书记强调，规划科学是最大的效益，规划失误是最大的浪费，规划折腾是最大的忌讳。实施乡村振兴战略是一项长期的历史性任务，也是一项复杂的系统工程，既是攻坚战也是持久战。实践证明，编制一个立足全局、切合实际、科学合理的县域乡村振兴规划，有助于充分发挥县域融合城乡的凝聚功能，统筹合理布局城乡生产、生活、生态空间，切实构筑城乡要素双向流动的体制机制，培育发展动能，实现农业农村高质量发展。这些年乡村建设中出现一些问题，没有规划或不按规划来是一个重要原因。所以办好农村的事情，实现乡村振兴，推进乡村振兴战略，必须坚持规划先行，树立城乡融合、一体设计、多规合一理念，在产业发展、人口布局、公共服务、基础设施、土地利用、生态保护等方面，因地制宜编制乡村振兴地方规划和专项规划方案，做到乡村振兴事事有规可循、层层有人负责，一张蓝图绘到底，久久为功搞建设，推动农业全面升级、农村全面进步、农民全面发展。

第三，以基础设施建设赋能乡村振兴。着眼"十四五"发展，在加强和补齐传统农业基础设施短板基础上，必须高度重视城乡基础设施建设的不平衡问题，规划和建设促进城乡融合发展的新型基础设施体系，加快谋划若干农业农村新基建重大工程，释放新基建对农村农业发

展的放大、叠加、倍增作用，为推动农业大发展、乡村大振兴、全面小康高质量收官提供有力支撑。创新城乡信息化融合发展体制机制，引导城市信息、网络、技术和人才等资源向乡村流动，鼓励社会资本参与数字农业、数字乡村建设，推进农业遥感、物联网、5G、人工智能、区块链等应用，提高农业生产、乡村治理、社会服务等信息化、场景化水平。习近平总书记指出，要深刻认识我国农业发展的特点和阶段，突出抓好农民合作社和家庭农场两类经营主体发展，赋予双层经营体制新的内涵①。加强家庭农场基础设施现代化建设，推进田水林路电综合配套，加强对农机设备、水电设备、农业信息等家庭农场生产经营的前、中、后端的基础投入。鼓励各地利用新型农业经营主体信息直报系统，推进相关涉农信息数据整合和共享。"十四五"时期，各级政府要加快数字助农兴农、数字电商基础设施和平台建设，结合当地乡村振兴规划改善供应链基础。农村信息技术设施是有效推进农村数字经济发展的物质基础，"十四五"时期要加强基础设施共建共享，加快农村宽带通信网、移动互联网、数字电视网和新一代互联网在农村落地。着力发挥信息技术创新的扩散效应、信息和知识的溢出效应，数字技术释放的普惠效应，促进新一代信息技术与种植业、畜牧业、渔业、农产品加工业全面深度融合。加强农业领域重大科技基础设施建设，强化科技对现代农业的支撑与引领作用。加强农业生产经营、管理服务、农产品流通等大数据平台建设，加强农业生产、动植物疫情、重大自然灾害等风险监测预警。

第四，以深化改革全面发力乡村振兴。随着农村发展的步伐不断加快，制约农业农村的很多深层次矛盾逐渐浮出水面，"短板"和"短腿"日益凸显。破解这些难题，改革是根本动力，创新是最佳手段。在"十

---

① 《习近平在中共中央政治局第八次集体学习时强调 把乡村振兴战略作为新时代"三农"工作总抓手 促进农业全面升级农村全面进步农民全面发展》，《人民日报》2018年9月22日。

四五"乃至今后更长一段时期内，全面推进乡村振兴，必须从更深层面的制度入手，解放思想，逢山开路、遇河架桥，破除体制机制弊端，突破利益固化藩篱，让农村资源要素活化起来，让广大农民的积极性和创造性迸发出来，让全社会支农助农兴农力量汇聚起来。深化农村改革关键要在土地政策上做文章，在我国土地大规模扩张的城市化阶段已过，在具备了按照公共利益、市场价补偿、程序公开透明原则改革征地制度的条件的基础上，应建立土地征收公共利益用地认定机制，缩小土地征收范围，保障城市化进程中农民的土地权益。健全城乡统一的建设用地市场，积极探索实施农村集体经营性建设用地入市制度。在符合规划和用途管制前提下，允许集体经济组织和农民利用集体建设用地从事非农建设，享有出租、转让、抵押集体建设用地的权利。允许城中村农民集体利用集体土地直接提供租赁房，解决进城农民在城市的体面落脚和居住问题。按照城乡融合的空间形态，在用地类型、标准、规划编制等方面保证多功能、新产业、新业态、新形态在乡村落地。另外，我国农业正处于历史转型期，农业发展方式已经向提高劳动生产率转变，农业的内涵、功能、要素组合、业态等呈现势不可挡的变化，这就需要"落实第二轮土地承包到期后再延长三十年政策"，依法保障农民土地权利。实施农地三权分置，明确集体所有权、确保农民承包权、依法对经营权设权赋权。"发展多种形式适度规模经营"，创新集体资源资产的集体经营、委托经营、合作经营等多种方式，保障集体成员按份共有集体资源资产经营收益。"健全农业专业化社会化服务体系"，以农业经营适度规模化、服务规模化、区域种植规模化、市场化实现农业规模报酬。[①]

第五，全力纵深推进脱贫攻坚与乡村振兴有效衔接。习近平总书记

---

① 参见《全面深化改革，让农村焕发新的活力——访中国人民大学经济学院党委书记兼院长、教授刘守英》，《光明日报》2020 年 11 月 19 日。

强调，脱贫摘帽不是终点，而是新生活、新奋斗的起点。接续做好乡村振兴这篇大文章，就是要推动乡村产业、人才、文化、生态、组织等全面振兴，抓好脱贫攻坚同乡村振兴有效衔接，推动脱贫摘帽地区乡村全面振兴，促进经济社会发展和群众生活改善，让脱贫群众过上更加美好的生活，逐步走上共同富裕的道路。同时，打赢脱贫攻坚战之后，要健全防止返贫监测和帮扶机制，对脱贫不稳定户、边缘易致贫户开展常态化监测预警，建立健全快速发现和响应机制，及时纳入帮扶政策范围。做好易地扶贫搬迁后续帮扶工作，加强就业产业扶持和后续配套设施建设，确保搬迁群众住得下、能融入、可致富。加强扶贫项目资金资产管理和监督，确保公益性资产持续发挥作用、经营性资产不流失或被侵占。要抓住产业扶贫这个"牛鼻子"，推动特色产业可持续发展，注重扶贫产业长期培育，扩大支持对象，延长产业链条，抓好产销衔接。接续推进脱贫摘帽地区乡村全面振兴。要保持财政投入力度总体稳定，持续巩固脱贫攻坚成果，推进脱贫摘帽地区乡村全面振兴。注重扶志扶智，引导贫困群众克服"等靠要"思想，逐步消除精神贫困。建立正向激励机制，将帮扶政策措施与贫困群众参与挂钩，培育提升贫困群众发展生产和务工经商的基本能力。加强宣传引导，讲好中国减贫故事。[①]

Sec. 4 第四节　推进区域协调发展和新型城镇化

国土空间是国民生存的场所和环境，也是一切经济社会活动的载

---

① 参见《胡春华强调：加快农业农村现代化》，《人民日报》2020年7月11日。

体。优化国土空间布局，一个重要内容就是要推进区域协调发展和新型城镇化建设。如果说区域协调发展是在宏观上优化国土空间布局，那么注重以人为核心的新型城镇化，就是要在微观上优化国土空间布局，双方相辅相成不可分割。党的十八大报告就提出，新型城镇化和区域协调发展是全面建成小康社会的关键，以新型城镇化引领区域协调发展是我国现代化进程的必由之路。当前，我们正处于改革攻坚阶段，有必要坚持解放思想、求真务实，更好地抓住推进新型城镇化和统筹城乡发展机遇，积极探索和引领区域协调发展。党的十九届五中全会提出，"优化国土空间布局，推进区域协调发展和新型城镇化"，是对十八大发展政策的延续，同时也赋予了更新的时代内涵。

中国城镇化进程加速，区域统筹发展力度进一步加强。我国常住人口城镇化率已经超过了60%，城镇已成为承载人口和经济的主要平台，意味着中国已全面进入城市型社会的大门。与此同时，我国幅员辽阔、人口众多，各地区自然资源禀赋差别之大在世界上是少有的，统筹区域发展从来都是一个重大问题。改革开放以来，我国实施了设立经济特区、开放沿海城市等一系列重大举措。20世纪90年代中后期以来，我国在继续鼓励东部地区率先发展的同时，相继作出实施西部大开发、振兴东北地区等老工业基地、促进中部地区崛起等重大战略决策。党的十八大以来，党中央提出了京津冀协同发展、长江经济带发展、共建"一带一路"、粤港澳大湾区建设、长三角一体化发展等新的区域发展战略，加快推进新型城镇化发展。

中国区域经济呈现"南快北慢"的特点，"南北差距"逐渐扩大。在改革开放之前，资源型城市举足轻重，且无论是煤炭资源还是石油资源，基本都集中于北方。随着改革开放不断深入，加上中国加入WTO，东部沿海城市开始崛起。城市发展的此消彼长推动形成了区域经济发展的分化态势，长三角、珠三角等地区已初步走上高质量发展轨道，一些

北方省份增长放缓，全国经济重心进一步南移；北京、上海、广州、深圳等特大城市发展优势不断增强，杭州、南京、武汉、郑州、成都、西安等大城市发展势头较好，形成推动高质量发展的区域增长极；部分区域发展面临较大困难，东北地区、西部地区在区域协调发展和新型城镇化的推进方面都严重滞后于东部城市群，这将是长期困扰甚至阻碍我国高质量发展的关键性问题。

促进区域协调发展，要有战略思维。"不谋全局者，不足以谋一域。"实现区域协调发展，要充分发挥比较优势，经济发展条件好的地区要承载更多产业和人口，发挥价值创造作用；生态功能强的地区要得到有效保护，创造更多生态产品；边疆地区要有一定的人口和经济支撑，以促进民族团结和边疆稳定。要具备全国一盘棋的战略思维，不断突破区域协调发展的体制机制，促进各类创新要素自由流动，生产力布局日趋优化，推动经济社会发展向更加均衡、更高层次迈进。①

促进区域协调发展，要有辩证思维。产业和人口向优势区域集中，形成以城市群为主要形态的增长动力源，进而带动经济总体效率提升，这是经济规律。尊重这一规律，就不能简单要求各地区在经济发展上达到同一水平，而是要根据各地区的条件，走合理分工、优化发展的路子。要形成几个能够带动全国高质量发展的新动力源，特别是京津冀、长三角、珠三角三大地区，以及一些重要城市群。不平衡是普遍的，要在发展中促进相对平衡，这是区域协调发展的辩证法。

促进区域协调发展，要坚持问题导向。实现区域协调发展，要对准约束和阻碍各类生产要素自由流动的堵点、痛点，抓紧实施有关政

---

① 习近平：《推动形成优势互补高质量发展的区域经济布局》，《求是》2019 年第 24 期。

策措施，从多方面健全区域协调发展新机制。比如针对地方保护主义，要实施全国统一的市场准入负面清单制度，消除歧视性、隐蔽性的区域市场准入限制；针对劳动力自由流动的障碍，全面放宽城市落户条件，完善配套政策，打破阻碍劳动力在城乡、区域间流动的不合理壁垒，促进人力资源优化配置；针对中心城市和重点城市群发展的土地资源制约，加快深化农村土地制度改革，推动建立城乡统一的建设用地市场，进一步完善承包地所有权、承包权、经营权三权分置制度。①

我们要看到，促进区域协调发展关键是要推进以人为核心的新型城镇化建设。新型城镇化既伴生着工业现代化，又承载着农业现代化，形成巨大的投资和消费空间，将是我国最大的内需潜力和发展动能所在。习近平总书记指出："城市群是人口大国城镇化的主要空间载体，像我们这样人多地少的国家，更要坚定不移，以城市群为主体形态推进城镇化。"② 党的十九届五中全会就推进新型城镇化作出重要部署，比如实施城市更新行动，提高城市治理水平，深化户籍制度改革，优化行政区划设置，等等。新型城镇化发展可以通过土地、劳动和资本的有效配置，通过优化布局与合理分工，支撑大中小城市形成共荣互惠的良性循环体系。同时，提升县城、小城镇产业支撑能力和公共服务水平，从而实现多元形态合理布局，城乡统筹协调发展。

推进新型城镇化高质量发展，要加快由数量增长、规模扩张的城镇化向质量提高、环境友好的城镇化转变。要从根本上改变发展方式粗放、可持续性差、资源环境成本高的城镇化模式，坚持生态优先、绿色

---

① 《中共中央 国务院关于建立更加有效的区域协调发展新机制的意见》，新华网，http://www.xinhuanet.com//politics/2018-11/29/c_1123786594.htm。

② 中共中央文献研究室：《习近平关于社会主义经济建设论述摘编》，中央文献出版社2017年版，第166页。

发展，统筹协调城镇化与资源环境的关系。全面推进节能、节水、节地、节材工作，大幅降低城镇化进程中的资源消耗和"三废"排放，提高资源配置和土地利用效率。推进低效产业用地再开发，走资源消耗低、环境友好、集约高效的绿色城镇化道路。[①]

推进新型城镇化高质量发展，要加快由高成本的城镇化向低成本的城镇化转变。我国是一个人口大国，资源不足、环境脆弱的基础条件，决定了我们不可能走高投入、高能耗、高污染的城镇化发展路子。高质量发展的内涵，是生产要素投入少、资源配置效率高、资源环境成本低、经济社会效益好的发展。低成本的城镇化需要探索质量效益型的发展路子，在城镇化的发展模式上不搞整齐划一，可以因城而宜，从实际出发，鼓励多样化，增加城市包容性，释放都市圈、特大城市和超大城市的服务业就业潜力，发挥中小城市和小城镇接纳农业转移人口的作用。在经济、社会、文化、空间组织结构等方面，以习近平生态文明思想为指导进行国土空间规划和人居环境建设，是新型城镇化工作的主线。

推进新型城镇化高质量发展，要加快由城市优先发展向城乡融合发展转变。新型城镇化就其本义而言，并不是要把农村都变为城市、追求城乡一样化，而是城乡空间的合理布局，城乡形态的融合发展，更是城乡文明的共存共荣。推进要素配置市场化改革，要按照构建更加完善的要素市场化配置体制机制的要求，围绕土地、劳动力、资本、技术、数据等要素领域，找准改革突破口，构建城乡统一的户籍登记、土地管理、就业管理、社会保障制度等公共服务和社会治理体系，促进城乡要素、产业、居民、社会和生态全面融合，使城市与乡村成为一个相互依存、相互融合、互促共荣的共同体。

---

① 参见魏后凯：《以提高城镇化质量为导向》，《人民日报》2019年4月19日。

促进人与自然和谐共生

党的十九届五中全会提出"推动绿色发展，促进人与自然和谐共生"，坚持绿水青山就是金山银山理念，坚持尊重自然、顺应自然、保护自然，坚持节约优先、保护优先、自然恢复为主，守住自然生态安全边界。深入实施可持续发展战略，完善生态文明领域统筹协调机制，构建生态文明体系，促进经济社会发展全面绿色转型，建设人与自然和谐共生的现代化。

改革开放 40 多年以来，工业化、城镇化进程突飞猛进，经济社会发展、综合国力和国际影响力实现历史性跨越。中国人民以自己勤劳、坚韧和智慧的发展烙印创造了世界经济发展史上令人赞叹的"中国奇迹"。在这个过程中，不同程度存在毁山开矿、填塘建厂、为追求"短平快"经济效益而纷纷上马"两高一低"项目的现象，导致经济增长过程中不平衡、不协调、不可持续的矛盾日益突出。

习近平总书记深刻指出："如果仍是粗放发展，即使实现了国内生产总值翻一番的目标，那污染又会是一种什么情况？届时资源环境恐怕完全承载不了。"[①] 党的十八大以来，党中央从理论和实践的结合上科学回答了为什么建设生态文明、建设什么样的生态文明、怎样建设生态文明的重大问题，形成了习近平生态文明思想。它包括一系列新理念新思想新战略，诸如，提出坚持人与自然和谐共生，强调人与自然是生

---

① 中共中央文献研究室：《习近平关于社会主义生态文明建设论述摘编》，中央文献出版社 2017 年版，第 5 页。

命共同体，生态环境没有替代品，用之不觉、失之难存；提出良好生态环境是最普惠的民生福祉，强调环境就是民生，青山就是美丽，蓝天也是幸福，要不断满足人民日益增长的优美生态环境需要；提出山水林田湖草是生命共同体，强调生态是统一的自然系统，是相互依存、紧密联系的有机链条；提出用最严格制度、最严密法治保护生态环境，强调必须依靠制度和法治保证党中央关于生态文明建设的决策部署落地生根见效；提出共谋全球生态文明建设，强调生态文明建设关乎人类未来，建设绿色家园是人类的共同梦想。习近平生态文明思想内容丰富而深刻，且具有原创性和前瞻性，对于推进新时代生态文明建设具有重要的指导意义。

2020 年以来，受新冠肺炎疫情冲击和世界经济衰退影响，中国经济遭遇前所未有的下行压力，但我们推进生态优先、绿色发展的脚步坚定不移。共抓大保护，不搞大开发，长江经济带建设稳步推进。黄河流域生态保护、高质量发展在沿黄九省区持续深化。"十四五"乃至更长时期，必须统筹兼顾、和谐发展，找到发展经济与保护生态的结合点，正确处理保护环境与生产发展的关系，在发展中保护生态环境，用良好的生态环境促进可持续发展，自觉地推动绿色发展、循环发展、低碳发展，决不能以牺牲环境、浪费资源为代价换取一时的经济增长，决不走"先污染后治理"的老路，实现经济社会发展与生态环境保护的共赢。推动绿色发展，促进人与自然和谐共生的理念和举措必将在通往生产发展、生活富裕、生态良好的中国现代化之路上继续发挥关键作用。

第一，发展绿色产业是经济社会发展全面绿色转型的重要基石。习近平总书记指出："坚持绿色发展是发展观的一场深刻革命。要从转变经济发展方式、环境污染综合治理、自然生态保护修复、资源节约集约利用、完善生态文明制度体系等方面采取超常举措，全方位、全地域、全过程开展生态环境保护。"① 要建立节能就是"第一能源"理念，加快能源结构转型升级，新增能源消费主要依靠清洁能源满足；大幅提高工业、建筑、交通等领域能效水平，优化工业用能系统，发展绿色建筑，加快交通系统高效运行，逐步淘汰国四及以下排放标准营运中型和重型柴油货车，提高新能源汽车销售、使用比例。要加快实现产业生态化与生态产业化有机融合，促进产业生态化转型，延长产业链，提升附加值，做到结构上适应生态，生产中绿色循环，价值上环保增值。

第二，践行绿色生活方式、推动绿色消费是促进经济社会发展全面绿色转型的重要引擎。推动形成绿色生活方式，坚持节约优先，强化集约意识，在衣、食、住、行、游等方面形成节约集约的行动自觉；倡导环境友好型消费，推广绿色服装、提倡绿色饮食、鼓励绿色居住、普及绿色出行、发展绿色旅游，抵制和反对各种形式的奢侈浪费、不合理消费②，形成全社会推进绿色转型的强大合力。

第三，良好稳定的生态环境是人和社会持续发展的基础。以改善生态环境质量为核心，以解决人民群众反映强烈的突出生态环境问题为重点，围绕污染物总量减排、生态环境质量提高、生态环境风险管控三类目标，突出大气、水、土壤污染防治三大领域，坚决打好污染防治攻坚战，为 2035 年美丽中国建设开好局、起好步。要全面贯彻山水林田湖草系统治理理念，实施重要生态系统保护和修复重大工程，优化生态安全屏障体系，构建生态廊道和生物多样性保护网络，提升生态系统质量和稳定性；加强生物多样性保护，推进自然遗产资源保护与管理，做好生物多样性基础监测和调查工作，用最严格制度、最严密法治推动生物

---

① 《习近平在山西考察工作时的强调 扎扎实实做好改革发展稳定各项工作 为党的十九大胜利召开营造良好环境》，《人民日报》2017 年 6 月 24 日。

② 参见叶冬娜：《促进经济社会发展全面绿色转型》，《经济日报》2020 年 12 月 1 日。

多样性保护工作①；完善生态保护监管体系，加快形成覆盖全面、科学合理、天地一体、部门协同的现代化生态环境监测网络，加强对生态保护红线、自然保护地、自然资源开发利用监管，完善生态破坏问题责任追究机制。

第四，资源高效利用是提升绿色发展水平的有效路径。要加强资源消耗总量和强度双控，提高重点行业、领域、产品资源产出率；统筹水资源利用、水生态保护、水环境治理，要实行最严格水资源管理制度，严控地下水超采，控制用水总量，加强工业、城镇和农业节水工作，加强江河湖库水量调度管理，系统推进水污染防治、水生态保护和水资源管理；提高土地节约集约利用水平，实行城乡建设用地总量控制制度，强化县市城乡建设用地规模刚性约束，遏制土地过度开发和建设用地低效利用，着力释放存量建设用地空间，提高存量建设用地在土地供应总量中的比重；持续推进固体废物源头减量和资源化利用，最大限度减少填埋量，将固体废物环境影响降至最低的城市发展模式，开展"无废城市"建设试点。

Sec. 6 第六节　开拓合作共赢新局面

对外开放是我国的基本国策。以开放促改革、促发展，是我国现代化建设不断取得新成就的重要法宝。习近平总书记指出，"我国经济持

---

① 《韩正：切实增强责任感使命感紧迫感 进一步做好生物多样性保护工作》，新华网2019年2月13日，http://www.xinhuanet.com/politics/2019-02/13/c_1124111108.htm。

续快速发展的一个重要动力就是对外开放"①，强调"开放带来进步，封闭必然落后""中国开放的大门不会关闭，只会越开越大"②。新时代中国高水平对外开放的逻辑要义，在于拓展国际分工合作空间，从既定国际分工秩序的参与者、国际分工合作机会的承接者，逐步向新型国际分工秩序和国际分工合作机遇的贡献者转型，在国际分工良序演进中实现中国与世界互动共进。

改革开放以来，我国坚持对外开放的基本国策，打开国门搞建设，实现了由封闭半封闭到全方位开放的伟大历史转折，有力地促进了中国和世界经济增长。中国作为工业化起步阶段的传统农业大国，在较为严峻的短缺经济形势下，迫切需要快速发展生产力。工业化、城市化是至为重要的发展路径，但却面临诸多瓶颈制约，其中劳动力城乡转移、商品市场培育是关键性的体制束缚，同时还存在普遍性的资金、技术、管理"缺口"。同时，随着冷战后国际政治、国际金融、国际贸易、国际投资等领域的制度规范日趋健全，工业化先行国家拥有在技术、资本、管理和渠道上具有优势的跨国公司，迫切需要在全球范围内寻找廉价劳动和土地资源，以实现其利润最大化目标下的资源优化配置。中国与世界工业化先行国家彼此之间"缺口"互补、利益共享，促成了冷战后国际分工体系和全球化的快速发展。从根本上说，中国与世界经济发展的各种红利，几乎都是源于国际分工的红利。中国与世界的互动关系总体上呈现为国际分工体系向中国溢出资本、技术、市场需求等分工演进动能，从而驱动中国区域空间和产业维度的分工演进，进而带来源自分工演进的结构性增长效应。

党的十八大以来，以习近平同志为核心的党中央统筹国内国际两个

① 习近平：《在经济社会领域专家座谈会上的讲话》，《人民日报》2020 年 8 月 25 日。

② 习近平：《决胜全面建成小康社会 夺取新时代中国特色社会主义伟大胜利——在中国共产党第十九次全国代表大会上的报告》，《人民日报》2017 年 10 月 19 日。

大局，推进对外开放理论和实践创新，不断提高对外开放水平，推动开放型经济新体制逐步健全，推动"一带一路"建设，加快贸易强国建设，改善外商投资环境，优化区域开放布局，创新对外投资方式，促进贸易和投资自由化便利化，推动形成全面开放新格局①。商务部2019年的统计数据显示，中国已成为全球第一大货物贸易国、第二大商品消费国、第二大外资流入国，是全球130多个国家和地区的主要贸易伙伴。中国事实上已成为国际分工体系中串联发达经济体与新兴市场及广大发展中国家分工合作的枢纽，中国的经济规模、产业体系、资源储备、市场成长等均有了长足进步，市场化程度总体上也有了显著提升。所有这些因素的系统集成，无疑是中国参与和推动新型国际分工体系建构、拓展国际分工合作机遇的巨大潜能。此外，在新冠肺炎疫情冲击之下，作为较早较好控制疫情的"世界工厂""世界市场"，中国对维护全球产业链、供应链安全发挥着重要作用，是国际分工体系的"避风港""安全岛"。在新一轮国际分工格局"大洗牌"背景下，成为面向全球投资者和全球先进要素最为安全、最富效率的价值创享中心。

党的十九届五中全会提出，"实行高水平对外开放，开拓合作共赢新局面"，"坚持实施更大范围、更宽领域、更深层次对外开放，依托我国大市场优势，促进国际合作，实现互利共赢"，体现了中国进一步深化对外开放的坚定决心，也释放了合作共赢的开放新理念，为"十四五"乃至今后一个时期我国对外开放指明了方向。从国际看，经济全球化是不可逆转的历史大趋势，全球产业链供应链深度调整重构，共建"一带一路"、扩大开放、倡导自由贸易得到广泛支持。可以预见，我国在世界经济中的地位将持续上升，同世界经济的联系会更加紧密，

---

① 中共中央宣传部：《习近平新时代中国特色社会主义思想三十讲》，学习出版社 2018 年版，第 155—157 页。

为其他国家提供的市场机会将更加广阔，将成为吸引国际商品和要素资源的巨大引力场。从国内看，我国进入新发展阶段，尤其是在以国内大循环为主体，国内国际双循环相互促进的新发展格局下，将进一步加速对内对外开放进程，建立强大的消费市场和开放平台，为中国经济在危机中育先机、于百年未有之大变局中开新局开辟了新的发展道路。

"十四五"时期，实行高水平对外开放，要求我们必须围绕建设更高水平开放型经济新体制，促进贸易和投资自由化便利化，旗帜鲜明反对保护主义，推动经济全球化朝着更加开放、包容、普惠、平衡、共赢的方向发展[①]；完善外商投资准入前国民待遇加负面清单管理模式，继续大幅缩减负面清单，推动现代服务业、制造业、农业全方位对外开放[②]，健全促进和保障境外投资的法律、政策和服务体系；完善自由贸易试验区布局，赋予其更大改革自主权，稳步推进海南自由贸易港建设，建设对外开放新高地；稳慎推进人民币国际化，提高金融业国际化水平；发挥好中国国际进口博览会等重要展会平台作用。要继续推动共建"一带一路"高质量发展，推进基础设施互联互通，构筑互利共赢的产业链供应链合作体系，深化国际产能合作，扩大双向贸易和投资。要积极参与全球经济治理体系改革，推动二十国集团等发挥国际经济合作功能，维护多边贸易体制，积极参与世界贸易组织改革，推动完善更加公正合理的全球经济治理体系。积极参与多双边区域投资贸易合作机制，积极参与《区域全面经济伙伴关系协定》（RCEP），推动新兴领域经济治理规则制定，提高参与国际金融治理能力。实施自由贸易区提升战略，构建面向全球的高标准自由贸易区网络。

---

① 习近平：《齐心开创共建"一带一路"美好未来——在第二届"一带一路"国际合作高峰论坛开幕式上的主旨演讲》，《人民日报》2019年4月27日。

② 习近平：《齐心开创共建"一带一路"美好未来——在第二届"一带一路"国际合作高峰论坛开幕式上的主旨演讲》，《人民日报》2019年4月27日。

　　在开放合作这条人间正道上，中国不仅是倡导者，更是践行者。未来我国开放将在高度、深度、广度上加力，关键制度和重要领域开放将实现更多突破。中国将始终坚持做世界和平的建设者、全球发展的贡献者、国际秩序的维护者。我们愿同所有国家在相互尊重、平等互利基础上和平共处、共同发展，以对话弥合分歧，以谈判化解争端，为世界和平与发展作出共同努力①。

---

　　① 习近平：《勠力战疫 共创未来——在二十国集团领导人第十五次峰会第一阶段会议上的讲话》，《人民日报》2020 年 11 月 22 日。

第九章

新发展基石筑牢了国家总体安全观意识

　　发展是执政兴国的第一要务，保证国家安全是头等大事。统筹发展和安全，建设更高水平的平安中国，是顺应社会主要矛盾变化的长远战略，是防范化解各类风险挑战的制胜之道，为全面建设社会主义现代化国家奠定安全基石。要实施国家安全战略，坚持总体国家安全观，加强国家安全体系和能力建设，确保国家经济安全，保障人民生命安全，维护社会稳定和安全，加快国防和军队现代化，筑牢国家安全屏障。

Sec. 1 第一节 坚持总体国家安全观

习近平总书记在 2014 年中央国家安全委员会第一次会议上提出"坚持总体国家安全观"重大战略思想，此后审议通过《国家安全战略纲要》，出台《中华人民共和国国家安全法》，为统筹发展和安全奠定了坚实的基础，要深刻把握总体国家安全观的理论与实践逻辑，全面理解总体国家安全观的核心要义。

一方面，深刻把握总体国家安全观的理论与实践逻辑。我国开启建设社会主义现代化国家新征程，面临众多"发展起来后"的问题，比如发展不平衡不充分、发展过程中的外部性、发展后带来的成果保障与地位维护等问题①。这些问题，都离不开安全的因素，总体国家安全观由此产生。

从理论逻辑看，总体国家安全观蕴藏丰富的理论要素。首先，总体国家安全观源于马克思主义基本原理。总体国家安全观是基于我国发展实际而提出的重大战略思想，一切从实际出发正是唯物主义的重要原则，体现出马克思主义的"两点论""重点论"，以及"内因与外因"相结合的观点②。总体国家安全观强调"坚持以民为本、以人为本，坚持国家安全一切为了人民、一切依靠人民，真正夯实国家安全的群众基础"，这鲜明地继承了马克思主义人民立场和群众路线的基本原理。其

---

① 参见冯维江、张宇燕：《新时代国家安全学：思想渊源、实践基础和理论逻辑》，《世界经济与政治》2019 年第 4 期。

② 参见韩承鹏：《习近平总体国家安全观的哲学基础》，《求索》2018 年第 6 期。

次，总体国家安全观根植于中华优秀传统文化。总体国家安全观提出了以人民为中心的发展思想和国家安全工作导向；总体国家安全观要求增强忧患意识，做到居安思危，与"居安思危，思则有备，有备无患""安而不忘为，存而不忘亡，治而不忘乱"等传统文化相对应①。再次，总体国家安全观一脉相承于中国共产党历代领导集体的国家安全观。新中国成立以来，我国的国家安全观先后经历传统国家安全观（新中国成立至改革开放前）、转型国家安全观（改革开放后至党的十八大）、总体国家安全观（党的十八大以来）三个阶段②，每个阶段的国家安全观都有不同侧重，但总体国家安全观以传统国家安全观为基础，以转型期国家安全观为依托，并拓展了新发展阶段的国家安全观。最后，总体国家安全观借鉴于西方有益理论。如果聚焦于国家，国家安全则全面研究"政治和军事领域"，正如马克斯·韦伯突出军事部门在国家安全中的重要地位一般③；而如果聚焦于民族，国家安全则侧重研究"社会安全"④。总体国家安全观充分吸收了实力理论、文化软实力理论、均势理论等观点，同时聚焦国家和民族，综合考量安全与发展、国土与国民安全、国内与国际安全、传统与非传统安全、自身与共同安全等多对关系，空前拓展了国家安全概念的内涵与外延。

从实践逻辑看，总体国家安全观是适应新发展环境的必然选择。新发展阶段面临新发展环境，提出总体国家安全观，就是为了更好地适应新发展环境。国际层面，我国将面临更多逆风逆水的外部环境。经济全球化发展受阻，少数国家奉行保护主义、单边主义，在全球范围内肆意

---

① 参见谢晓光、王陈生：《总体国家安全观的中国特色与实践》，《唯实》2018 年第 2 期。
② 参见钟开斌：《中国国家安全观的历史演进与战略选择》，《中国软科学》2018 年第10 期。
③ 参见马克斯·韦伯著，阎克文译：《经济与社会（第二卷）》上册，上海人民出版社 2010 年版，第 1040 页。
④ 参见巴瑞·布赞、奥利·维夫、迪·怀尔德著，朱宁译：《新安全论》，浙江人民出版社 2003 年版，第 50、159 页。

挑起经济贸易摩擦，非经济因素冲击全球产业链供应链安全，世界贸易组织改革缓慢，不能最大化发挥多边合作的作用；全球不确定性明显增加，"黑天鹅""灰犀牛"事件频发，比如突如其来的新冠肺炎疫情全球大流行，使得世界经济"深陷泥潭"；新一轮科技革命和产业变革全面推进，不论是发达国家还是发展中国家，都在寻求经济的全面转型升级，国际经济、科技、文化、安全、政治等格局发生深刻调整。国内层面，我国社会主要矛盾的挑战表现在方方面面。我国经济社会发展不平衡不充分是最大的挑战，城乡和区域间不平衡、经济发展质量不高、经济发展不可持续等问题仍然突出；我国政治安全领域受到诸多影响，精神懈怠的危险、能力不足的危险、脱离群众的危险、消极腐败的危险仍然存在；我国思想文化领域面临多元冲击，不同社会思潮交流交锋加剧意识形态之间冲突与竞争，对我国意识形态安全产生不利影响①。

另一方面，全面理解总体国家安全观的核心要义。总体国家安全观坚持系统观念，具有全面、详尽的核心要义。

从核心要素看，总体国家安全观遵循"五个要素"。中国特色国家安全道路，要以人民安全为宗旨，以政治安全为根本，以经济安全为基础，以军事、文化、社会安全为保障，以促进国际安全为依托，这"五个要素"是有别于其他国家安全道路的核心要素。以人民安全为宗旨，体现中国共产党"以人民为中心"的执政理念，这也是习近平新时代中国特色社会主义思想的核心理念，"检验我们一切工作的成效，最终都要看人民是否真正得到了实惠，人民生活是否真正得到了改善，这是坚持立党为公、执政为民的本质要求，是党和人民事业不断发展的重要保证"②。以政治安全为根本，政治安全的核心是政权安全和制度

---

① 参见鞠丽华：《习近平总体国家安全观探析》，《山东社会科学》2018年第9期。
② 习近平：《全面贯彻落实党的十八大精神要突出抓好六个方面工作》，《求是》2013年第1期。

安全，最根本的就是维护中国共产党的领导和执政地位，维护中国特色社会主义制度。以经济安全为基础，以经济建设为中心是社会主义初级阶段基本路线的中心，这一中心不可动摇。以军事、文化、社会安全为保障，除了政治安全和经济安全，军事、文化和社会安全也非常重要，为政治安全和经济安全提供保障。以促进国际安全为依托，稳定国内安全大局，以国内安全促进国际安全，国际安全进而反过来又可以助力国内安全，形成相互促进的良好格局。

从辩证关系看，总体国家安全观统筹"五大关系"。既重视外部安全，又重视内部安全，要兼顾国内和国际两个大局，对外维护国家主权，对内维护社会稳定，实现两个安全相互促进①；既重视国土安全，又重视国民安全，坚持以民为本、以人为本，坚持国家安全一切为了人民、一切依靠人民，真正夯实国家安全的群众基础；既重视传统安全，又重视非传统安全，构建全面的国家安全体系；既重视发展问题，又重视安全问题，发展是安全的基础，安全是发展的条件，富国才能强兵，强兵才能卫国；既重视自身安全，又重视共同安全，打造命运共同体，推动各方朝着互利互惠、共同安全的目标相向而行。

Sec. 2 第二节 加强国家安全体系和能力建设

统筹发展和安全，加强国家安全体系和能力建设，要坚持党对国家安全工作的领导，构建多元领域的国家安全体系，加强国家安全能力

---

① 参见江锡华：《总体国家安全观大格局思维分析》，《毛泽东邓小平理论研究》2020 年第 5 期。

建设。

第一，完善集中统一、高效权威的国家安全领导体制。筑牢国家安全屏障，要做到"一个原则""三个立足""四个坚持"。"一个原则"，即坚持党对国家安全工作的领导。习近平总书记在十九届中央国家安全委员会第一次会议上强调，要坚持党对国家安全工作的绝对领导，实施更为有力的统领和协调。中央国家安全委员会是党领导国家安全工作的落实部门，要发挥好统筹国家安全事务的作用，抓好国家安全方针政策贯彻落实，完善国家安全工作机制，着力在提高把握全局、谋划发展的战略能力上下功夫，不断增强驾驭风险、迎接挑战的本领。"三个立足"，即认清国家安全形势，维护国家安全，要立足国际秩序大变局来把握规律，立足防范风险的大前提来统筹，立足我国发展重要战略机遇期大背景来谋划。"四个坚持"，即不论国际形势如何变幻，我们要保持战略定力、战略自信、战略耐心，坚持以全球思维谋篇布局，坚持统筹发展和安全，坚持底线思维，坚持原则性和策略性相统一，把维护国家安全的战略主动权牢牢掌握在自己手中。

第二，构建多元领域的国家安全体系。国家安全体系构成，既包括政治安全、国土安全、军事安全等三项传统安全，又包括经济安全、文化安全、社会安全、科技安全、信息安全、生态安全、资源安全、核安全、生物安全等九项非传统安全，涉及方方面面。要健全国家安全法治体系、战略体系、政策体系、人才体系和运行机制，完善重要领域国家安全立法、制度、政策。维护政治安全，中国特色社会主义最本质的特征是中国共产党领导，中国特色社会主义制度的最大优势是中国共产党领导，坚持和完善党的领导，是党和国家的根本所在、命脉所在，是全国各族人民的利益所在、幸福所在。维护国土安全，维护国家主权和领土完整，实现祖国完全统一，是全体中华儿女

共同愿望，是中华民族根本利益所在。维护军事安全，军事斗争是进行伟大斗争的重要方面，打赢能力是维护国家安全的战略能力。维护经济安全，建设现代化经济体系，必须把发展经济的着力点放在实体经济上，把提高供给体系质量作为主攻方向，显著增强我国经济质量优势。维护文化安全，牢牢掌握意识形态工作领导权，要加强理论武装，深化马克思主义理论研究和建设，坚持正确舆论导向，加强互联网内容建设，落实意识形态工作责任制。维护社会安全，要坚定不移走中国特色社会主义社会治理之路，善于把党的领导和我国社会主义制度优势转化为社会治理优势，着力推进社会治理系统化、科学化、智能化、法治化，不断完善中国特色社会主义社会治理体系，确保人民安居乐业、社会安定有序、国家长治久安。维护科技安全，坚持创新在我国现代化建设全局中的核心地位，把科技自立自强作为国家发展的战略支撑，面向世界科技前沿、面向经济主战场、面向国家重大需求、面向人民生命健康，深入实施科教兴国战略、人才强国战略、创新驱动发展战略，完善国家创新体系，加快建设科技强国。维护信息安全，要理直气壮维护我国网络空间主权，明确宣示我们的主张，要正确处理安全和发展、开放和自主、管理和服务的关系，不断提高对互联网规律的把握能力、对网络舆论的引导能力、对信息化发展的驾驭能力、对网络安全的保障能力，把网络强国建设不断推向前进。维护生态安全，在生态环境保护上树立大局观、长远观、整体观，坚持节约资源和保护环境的基本国策，推动形成绿色发展方式和生活方式，协同推进人民富裕、国家强盛、中国美丽。维护资源安全，全面促进资源节约集约利用，要树立节约集约循环利用的资源观，要全面推动重点领域低碳循环发展。维护核安全，中国将构建核安全能力建设网络，推广减少高浓缩铀合作模式，实施加强放射源安全行动计划，启动应对核恐怖危机技术支持倡议，推广国家核电安全监管体系。维护生物安全，新冠肺炎疫情暴发后，习近平总书记在中央全面深化改革委员会第十二次会议上，要求把生物安全纳入国家安全体系，系统规划国家生物安全风险防控和治理体系建设，全面提高国家生物安全治理能力。这充分说明国家安全体系的动态调整特征。

第三，加强国家安全能力建设。一是提升国家安全执法能力，健全国家安全审查和监管制度，加强国家安全执法。二是增强国家安全宣教能力，加强国家安全宣传教育，增强全民国家安全意识，巩固国家安全人民防线。三是增强国家安全保障能力，坚定维护国家政权安全、制度安全、意识形态安全，提高思想意识、注重统筹规划、重视数据安全，全面加强网络安全保障体系和能力建设。四是加大威胁损害国家安全势力的打击力度，严格执行《中华人民共和国国家安全法》《中华人民共和国反分裂国家法》等法律法规，加强新形势下反分裂斗争，高举各民族大团结的旗帜，坚持各民族共同团结奋斗、共同繁荣发展的主题，深入开展民族团结宣传教育，打牢民族团结的思想基础，最大限度团结各族群众，要加强基层组织和基层政权建设，多做深入细致的群众工作，要正确把握党的民族、宗教政策，及时妥善解决影响民族团结的矛盾纠纷，坚决遏制和打击境内外敌对势力利用民族问题进行的渗透、破坏、颠覆、分裂活动。五是统筹内外加强国家安全能力建设①，对内从提高统筹组织社会公共资源能力、做群众工作的能力、提高防范化解重大安全风险的能力等多个方面夯实国家安全的实力基础，对外广泛开展经济合作、人文合作、军事合作、全球治理合作和司法合作，营造国家安全的良好外部环境。

---

① 参见韩爱勇：《内外统筹加强国家安全能力建设》，《光明日报》2019 年 4 月 12 日。

Sec. 3
第三节　确保国家经济安全

　　统筹发展和安全，确保国家经济安全，要加强经济安全风险预警、防控机制和能力建设，重点维护产业、金融以及基础设施、粮食、生态等其他多领域安全。

　　第一，加强经济安全风险预警、防控机制和能力建设。当前和今后一个时期，我国发展仍然处于重要战略机遇期，但是经济领域面临诸多风险，表现在：我国外部环境复杂严峻，不稳定性不确定性明显增加，国际风险外溢对我国的冲击不可忽视；我国内部经济总量仍需提升，结构性问题较为棘手，发展不平衡不充分问题仍然突出；我国对外开放程度增加，面临的风险和挑战也随之增多。加强经济安全风险预警、防控机制和能力建设，充分发挥宏观调控逆周期调节、跨周期设计作用，健全以国家发展规划为战略导向，以财政政策和货币政策为主要手段，就业、产业、投资、消费、区域等政策协同发力的宏观调控制度体系，实现重要产业、基础设施、战略资源、重大科技等关键领域安全可控。要做好"平衡五个关系"①：平衡国内与国际关系，既重视外部环境变化，防范国际风险对我国的外溢冲击，更要专注于国内发展，构建以国内大循环为主体、国内国际双循环相互促进的新发展格局；平衡稳增长与防风险关系，在稳定经济增长、推动高质量发展中应对挑战、化解风险，继续保持宏观政策的连续性稳定

---

　　① 参见张占斌：《始终绷紧"经济风险"这根弦》，人民论坛网 2019 年 3 月 6 日，http：//www. rmlt. com. cn/2019/0306/541129. shtml。

性，增强前瞻性灵活性针对性；平衡当期与长期关系，既重视化解当期各领域潜在的风险，更要专注于长效发展机制，加强市场心理分析，做好预期引导，实现高质量、高效率、可持续发展；平衡政府和市场关系，充分发挥市场配置资源的决定性作用，更好发挥政府作用，更加精准有效地发挥宏观调控在稳定经济大盘、推动转型升级中的积极作用；平衡强化主体责任与加强协同联动的关系，充分调动各方面积极性，强化上下联动、部门协同、担当作为，确保党中央决策部署落到实处、见到实效。

第二，维护产业安全。[①] 新冠肺炎疫情之前，我国面临产业链"外溢"风险，新冠肺炎疫情暴发冲击全球产业链供应链，并可能引发全球产业链供应链的深度重构。要实施产业竞争力调查和评价工程，抓紧研究制定产业链安全评价体系，全面评估国内国际各类不确定性对我国产业链安全的影响，并尽快研究制定防范预案。要加强核心技术研发，在全球产业链调整重塑中增强我国产业链的控制力，提升产业链控制力的重点是以企业和企业家为主体，培育产业生态主导企业和核心零部件企业，增强全产业链、关键环节、标准和核心技术的控制力。要积极调整我国产业链布局，锁定产业链优势环节，加强核心技术研发，提高原始创新能力，在产业链重要环节和核心技术上取得突破，增强对战略性行业和重要环节的整体竞争力和控制力。要构建国家产业链安全防控体系，加强对外商投资并购、中资企业"走出去"的全程监管，构建海外利益保护和风险预警防范体系。要着眼于建设制造强国高标准的要求，制定维护产业链安全的长效机制，科学布局产业链，统筹中西部地区精准承接东部产业转移，加快一定程

---

① 参见张占斌：《守护"中国制造"产业链安全》，新华网 2020 年 4 月 3 日，http：//sike. news. cn/statics/sike/posts/2020/04/219555527. html。

度的出口替代；要全力确保供应链，要协同打造创新链，着力构筑防护链。

第三，维护金融安全。维护金融安全，是关系我国经济社会发展全局的一件带有战略性、根本性的大事，必须守住不发生系统性风险底线。维护金融安全，要重点落实三项任务：一是深化金融供给侧结构性改革，调整优化金融体系结构，不断完善金融体系，构建多层次、广覆盖、有差异的银行体系，构建多层次资本市场，提供面向现代化经济条件下产业体系、市场体系、区域发展体系、绿色发展体系等的精准金融服务，支持金融创新，不断增强金融服务实体经济能力；二是防范化解金融风险，采取措施处置风险点，着力控制增量，积极处置存量，打击逃废债行为，控制好杠杆率，加大对市场违法违规行为打击力度，重点针对金融市场和互联网金融开展全面摸排和查处，完善现代金融监管体系，提高金融监管透明度和法治化水平，完善存款保险制度，健全金融风险预防、预警、处置、问责制度体系，对违法违规行为零容忍，完善金融从业人员、金融机构、金融市场、金融运行、金融治理、金融监管、金融调控的制度体系；三是稳步推进金融改革开放，深化准入制度、交易监管等改革，加强宏观审慎管理和微观行为监管协调，统筹金融管理资源，建立监管问责制，提高金融业全球竞争能力，扩大金融高水平双向开放，提高参与国际金融治理能力。

第四，维护其他多领域安全。一是维护基础设施安全。在大力促进基础设施建设的同时，更重要的是维护基础设施安全，要维护水利、电力、供水、油气、交通、通信、网络、金融等重要基础设施安全，提高水资源集约安全利用水平。二是确保国家粮食安全。把中国人的饭碗牢牢端在自己手中，坚决遏制土地违法行为，严防死守耕地红线；加大对粮食主产区的支持，调动和保护农民种粮、主产区抓粮两个积极性；调动市场主体收储粮食的积极性，做好粮食储备；深化中央和地方共同负责机制，中央财政侧重于重大水利设施建设、中低产田改造、科技创新推广、信息化服务、市场体系完善、农产品质量安全、主产区转移支付等方面，地方强化对粮食主产区的财政奖补力度，逐步建立健全对主产区的利益补偿机制；善用两个市场、两种资源，把握粮食进口规模和节奏；重视粮食节约，加强宣传教育，加强监督检查，鼓励节约，整治浪费。三是确保能源安全。贯彻落实"四个革命、一个合作"能源安全新战略，有力保障国家能源安全；确保战略性矿产资源安全，加强矿产资源勘查、保护、合理开发，提高矿产资源勘查合理开采和综合利用水平。四是维护生态安全、核安全与新型领域安全。以生态系统良性循环和环境风险有效防控为重点，构建顶层设计为指导、科技创新为支撑、监测预警为手段、国际合作为依托的生态安全体系；完善核安全政策法规体系，实施科学有效安全监管，保持核发展高水平安全；要加快完善国家生物安全法律法规体系、制度保障体系。

第四节　保障人民生命安全

统筹发展和安全，保障人民生命安全，要坚持人民至上、生命至上，把保护人民生命安全摆在首位，全面提高公共安全保障能力。

第一，完善和落实安全生产责任制。2020年4月，习近平总书记就安全生产作出重要指示强调，2019年全国安全生产事故总量、较大事故和重特大事故实现"三个继续下降"，安全生产形势进一步好转，

但风险隐患仍然很多，仍需进一步完善和落实安全生产责任制。要牢固树立安全发展理念，杜绝在安全生产上搞形式主义、官僚主义，层层压实责任，各级党委和政府切实担负起"促一方发展、保一方平安"的政治责任，强化企业主体责任落实，从根本上消除事故隐患，有效遏制危险化学品、矿山、建筑施工、交通等重特大安全事故。要深入排查各领域各环节安全生产隐患，全面开展安全生产专项整治三年行动，扎实推进危险化学品、矿山、交通运输、工业园、城市建设、危险废物等重点领域安全的系统治理，精准施策，确保安全生产整治见到实效。要加强安全生产监管，分区分类加强安全监管执法，建立健全安全生产责任和管理制度体系、隐患排查治理和风险防控体系，牢牢守住安全生产底线，切实维护人民群众生命财产安全。

第二，强化生物安全保护。新冠肺炎疫情期间，暴露出城市公共环境治理、公共卫生、重点卫生防疫物资等短板问题，"食用野生动物风险很大，但'野味产业'依然规模庞大，对公共卫生安全构成了重大隐患。"① 为此，习近平总书记提出生物安全的新要求，并将其作为总体国家安全观体系的重要组成部分。我国历来高度重视生物安全，制定《中华人民共和国传染病防治法》《中华人民共和国野生动物保护法》《中华人民共和国食品安全法》《中华人民共和国农产品质量安全法》等一系列与生物安全相关的法律，以及《野生植物保护条例》《农业转基因生物安全管理条例》《病原微生物实验室生物安全管理条例》等相关行政法规，但仍需从四个方面着力提高国家生物安全治理能力②：其一是完善顶层设计，落实生物安全法立法。2020 年 10 月 17 日，全国人民代表大会常务委员会第二十二次会议审议通过《生物安全法》，这从

① 习近平：《在中央政治局常委会会议研究应对新型冠状病毒肺炎疫情工作时的讲话》，《求是》2020 年第 4 期。

② 参见郭兆晖：《全面提高国家生物安全治理能力》，《人民日报》2020 年 9 月 16 日。

顶层设计层面作出了部署，未来还需根据《生物安全法》的规定制定相关细则，将法律落在实处。其二是推进生物安全领域科技创新。2020年3月2日，习近平总书记在北京考察新冠肺炎防控科研攻关工作时强调，生命安全和生物安全领域的重大科技成果也是国之重器，要加大生物安全领域科研投入，加强生物安全领域基础研究，加快推进核心关键技术突破，完善生物安全领域布局体系。其三是提升公众生物安全意识。加大生物安全相关的法律法规、政策解读力度，推进全媒体宣传生物安全形势，开展爱国卫生运动，提倡文明健康、绿色环保的生产生活方式。其四是推进生物安全国际合作。基于公平、公正、平等原则，广泛与国际组织和其他国家建立生物安全领域合作，促进生物安全数据、信息共享，构建共同维护生物安全的合作框架。

第三，完善国家应急管理体系。我国幅员辽阔，东西南北差异较大，是世界上自然灾害最为严重的国家之一，呈现灾害种类多、分布地域广、发生频率高、造成损失重的特点，这是一个基本国情。根据应急管理部的统计，2019年全国安全形势保持平稳，大部分地区和行业领域安全生产形势有所好转，自然灾害因灾死亡失踪人数、倒塌房屋数量、直接经济损失占 GDP 比重较近 5 年年均分别下降 25%、57% 和 24%。尽管如此，加强应急管理体系和能力建设仍是一项既紧迫又长期的任务。要发挥我国应急管理体系的特色和优势，借鉴国外应急管理有益做法，积极推进我国应急管理体系和能力现代化[①]。首先，健全风险防范化解机制。要加强重点行业领域的安全风险排查，做好风险评估和监测预警，提升多灾种和灾害链综合监测、风险早期识别和预报预警能力，从源头上防范化解重大安全风险，真正把问题解决在萌芽之时、成

---

① 习近平：《充分发挥我国应急管理体系特色和优势 积极推进我国应急管理体系和能力现代化》，《人民日报》2019 年 12 月 1 日。

灾之前；要加强应急预案管理，健全应急预案体系，动态优化应急预案，加大应急预案演练力度，全面实施精准治理；要坚持法治管理①，系统梳理和修订《中华人民共和国突发事件应对法》《中华人民共和国安全生产法》《中华人民共和国传染病防治法》《中华人民共和国野生动物保护法》等法律法规，研究出台自然灾害防治法、应急救援组织法等一系列法律法规，提高应急管理法制化水平；要坚持群众观点和群众路线，完善安全宣传和教育体系，推动应急疏散演练常态化，推进安全风险网格化管理，筑牢防灾、减灾、抗灾、救灾的人民防线。其次，加强应急救援队伍建设。做好应急队伍训练工作，采取多种措施加强国家综合性救援力量建设，采取与地方专业队伍、志愿者队伍相结合和建立共训共练、救援合作机制等方式，发挥好各方面力量作用；增强应急救援队伍战斗力，抓紧补短板、强弱项，提高各类灾害事故救援能力；打造优质区域应急救援中心，坚持少而精原则，按照就近调配、快速行动、有序救援的原则建设区域应急救援中心，打造应急救援的尖刀和拳头力量；加强多领域应急救援能力建设，发挥航空、航海、铁路、公路、水路等综合立体输送系统优势，构建系统化的应急救援体系。最后，强化应急管理装备技术支撑。要加大先进适用装备的配备力度，确保应急救援中心和应急救援队伍具备充足的保障体系；加强关键技术研发，优化整合各类科技资源，推进应急管理科技自主创新；加强信息化建设，充分运用科技信息化发展优势，以信息化推进应急管理现代化。

第四，构建公共卫生安全体系。② 党的十八大以来，党中央明确提

---

① 参见马宝成：《加快推进应急管理体系和能力现代化》，《中国应急管理科学》2020年第7期。

② 参见习近平：《构建起强大的公共卫生体系 为维护人民健康提供有力保障》，《求是》2020年第18期。

出新时代党的卫生健康工作方针，成功防范和应对甲型 H1N1 流感、H7N9、埃博拉出血热等突发疫情。在新冠肺炎疫情防控斗争过程中，我国公共卫生安全领域暴露出薄弱环节，只有构建起强大的公共卫生体系，健全预警响应机制，全面提升防控和救治能力，织密防护网、筑牢筑实隔离墙，才能切实为维护人民健康提供有力保障。其一，改革完善疾病预防控制体系。财政方面，建立稳定的公共卫生事业投入机制，为疾病预防控制和公共卫生项目提供充足的财政资金；机构方面，优化机构设置，健全以国家、省、市、县四级疾控中心和各类专科疾病防治机构为骨干，医疗机构为依托，基层医疗卫生机构为网底，军民融合、防治结合的疾控体系；联动联防方面，健全公共卫生机构和医疗机构、疾控机构和城乡社区联动工作机制，强化乡镇卫生院和社区卫生服务中心疾病预防职责，做到早发现、早报告、早处置，创新医防协同机制；人才方面，建设高水平疾控学院，加大疾控人才队伍建设，鼓励疾控人才扎根基层。其二，加强疾病防控的监测预警和应急反应能力。完善疾病防控网络直报系统，增加预警多点触发机制，提高评估监测敏感性和准确性；健全突发公共卫生事件应对预案体系，分级分类组建卫生应急队伍，开展卫生应急知识宣传教育。其三，健全重大疫情救治体系。优化医疗资源合理布局，做到"三倾斜"，即向重点地区倾斜，以城市社区和农村基层、边境口岸城市、县级医院和中医院为重点；向重点基地倾斜，加强国家医学中心、区域医疗中心等基地建设；向重点学科倾斜，加强急需的重症医学、呼吸、麻醉等重大疫情救治相关专业学科建设。其四，发挥中医药在重大疫病防治中的作用。加强研究论证，梳理和挖掘古典医籍精华，结合现代评价手段和几千年经验，作出科学讲解与评价；大力发展中药产业，建设中药新药"产学研"一体化平台，完善中药审评审批机制，促进中药及时、有效上市；加强中医药特色人才队伍建设，打造一支高水平的国家中医疫病

防治队伍。

维护社会稳定和安全

统筹发展和安全，维护社会稳定和安全，完善社会矛盾综合治理机制，健全社会心理服务体系和危机干预机制，加强社会治安防控体系建设。

第一，完善社会矛盾综合治理机制。我国社会主要矛盾已经转化为人民日益增长的美好生活需要和不平衡不充分的发展之间的矛盾，公共卫生、社会安全等影响国家安全和社会稳定的突发事件时有发生，要坚持和发展新时代"枫桥经验"。诞生于 20 世纪 60 年代的"枫桥经验"的本质与核心在于就地化解矛盾、解决纠纷，实现"小事不出村、大事不出镇、矛盾不上交"，这是党领导人民探索出的一整套行之有效的社会治理方案。化解社会矛盾，要坚持以人民为中心的理念，坚持运用法治思维和法治方式，完善各类调解联动工作体系，不断畅通和规范群众诉求表达、利益协调、权益保障通道。要完善信访制度①，全面贯彻落实好群众来信件件有回复制度，让"来信与来访一样管用好用"成为社会共识；充分运用现代科技手段处理信访事项，逐步实现由"来人访"向"网上访""视频访"转变；推行巡回接访、领导干部下访、部门联合接访等制度，综合运用多种途径，调动各方力量，促进息诉息访，及时解决问题。要加强法律文书说理，提高办案人员能力水平，提

---

① 参见陈鸳成：《完善多元预防化解机制把矛盾解决在萌芽状态》，《检察日报》2020 年 4 月 26 日。

高释法说理水平，增强说理效果。要运用公开听证等方式化解矛盾、宣传法治，引入人大代表、政协委员、人民监督员、特约检察员、专家咨询委员、基层民众等参与公开听证，自觉接受社会监督，以公开促公正。要发挥司法救助制度作用，建立司法救助与民政救济、社会救助等衔接机制，充分发挥各种救助制度的集合效应，大力鼓励和支持律师参与化解矛盾纠纷，积极建立以律师为主的社会第三方参与涉法涉诉信访工作机制。

第二，健全社会心理服务体系和危机干预机制。要健全社会心理服务体系和疏导机制、危机干预机制，塑造自尊自信、理性平和、亲善友爱的社会心态，具体可从四个方面发力①：其一是建立社会心理的宣传引导机制，大力宣传中国经济社会发展的各项成就，正视发展中存在的矛盾与问题，完善民众参与国家经济社会事务的渠道，营造友好互动、积极互信的社会氛围。其二是健全社会心理的教育辅导机制，建立健全社会成员心理咨询和引导的常态化机制，构建纵横交错的心理咨询网络，引导个体价值观与社会主义核心价值体系相融合；发挥高等院校、科研院所、工商联、青联、妇联、团组织等群团组织的作用，增加心理健康培训课程，纳入国民教育体系；发挥民间心理辅导的灵活优势，鼓励社会力量参与心理教育辅导。其三是改进社会心理的服务管理机制，在编制"五年发展规划"和专项规划时，将社会心理服务体系和危机干预机制纳入其中，给予适当财政支持、政策优惠；把握社会心理服务机构的准入条件，建立一整套监管管理机制；强化重点群体引导和培训，强化社会心理风险预警和处置机制。其四是完善社会心理志愿服务机制，广泛吸纳高等院校、医疗机构、心理咨询机构的专业人才作为志愿者，深入基层宣传推广社会心理服务；搭建社会心理服务平台，对接

---

① 参见贺培育：《加强社会心理服务体系建设》，《光明日报》2019 年 1 月 22 日。

志愿者和需要社会心理服务群体。

第三，推进社会治安综合治理现代化。坚持专群结合、群防群治，加强社会治安防控体系建设，坚决防范和打击暴力恐怖、黑恶势力、新型网络犯罪和跨国犯罪，保持社会和谐稳定。早在 2015 年，习近平总书记就对公共安全工作作出重要指示，要求推进公共安全工作精细化、信息化、法治化，要充分发挥政府和社会"两轮驱动"作用，构建全民共建共享的社会治安综合治理体系，实现社会治安综合治理"四化"融合发展①：其一是社会治安综合治理法治化。社会治安实现法治化是全面依法治国的必然要求，要实现治理体系法治化，完善治理结构、机构、手段等体系；要加强治理主体法治思维，提高知法、懂法、守法的公民意识；要创新多元综合治理方式。其二是社会治安综合治理信息化。完整、及时、有效的信息是社会治安综合治理的重要依托，信息缺乏会使得社会治安综合治理处于相对"盲目"的状态，要大力运用"互联网＋"技术，搭建社会治安综合治理信息平台，实现信息互通共享，构建信息为导向的社会治安综合治理框架。其三是社会治安综合治理精细化②。精细化要求政府和官员实现精准定位，切实转变政府职能；要求创新社会体制机制，切实完善体制体质；要求依托互联网、大数据等信息技术，切实加强新技术运用；要求制定社会服务标准和操作规范，切实达到标准化、规范化。其四是社会治安综合治理社会化。社会治安综合治理的目的是实现共享发展，要完善以人为核心的发展思路，推动共享型、社会型发展战略，创新制度设计、创造开放空间、创设沟通平台，协调多元主体有序参与平安建设，实现共建共享共治的社会治安综合治理社会化。

---

① 参见蒋熙辉：《推进社会治安综合治理现代化》，《光明日报》2016 年 1 月 6 日。
② 参见陶希东：《实现社会治理精细化》，《学习时报》2016 年 1 月 7 日。

Sec. 6 第六节 加快国防和军队现代化

统筹发展和安全，坚持党对人民军队的绝对领导，建设与保卫国家安全和发展利益需要相适应的武装力量，提高捍卫国家主权、安全、发展利益的战略能力，加快国防和军队现代化，实现富国和强军相统一。

第一，深化军民融合发展的重要性认识。习近平总书记在中央军民融合发展委员会第一次全体会议上强调，"把军民融合发展上升为国家战略，是我们长期探索经济建设和国防建设协调发展规律的重大成果，是从国家发展和安全全局出发作出的重大决策，是应对复杂安全威胁、赢得国家战略优势的重大举措"①。这里，强调了军民融合对统筹发展和安全的作用。具体来看，军民融合对统筹发展和安全的重要性体现在②：其一，统筹推进经济建设和国防建设，需要借力军民融合。构建一体化国家战略，离不开现代化经济体系建设和现代化国防建设，经济建设和国防建设紧密联系、密不可分，但经济建设和国防建设又有所区别、各有侧重，如何将二者统一，实现协调发展成为重要问题。推动军民深度融合，在经济建设和国防建设之间搭建"桥梁"，有助于经济建设和国防建设规划统筹，有助于经济资源和国防资源均衡配置，有助于经济要素和国防要素有效互动，有助于经济政策和国防政策兼容协调。其二，坚持创新驱动发展，需要借重军民融合。创新在我国现代化建设

---

① 《习近平主持召开中央军民融合发展委员会第一次全体会议》，新华网 2017 年 6 月 20 日，http：//www.xinhuanet.com/politics/2017-06/20/c_ 1121179676. htm。

② 参见张军果：《开创新时代军民融合深度发展新局面》，《光明日报》2019 年 5 月 10 日。

全局中占据核心地位，是引领发展的第一动力，支撑经济建设和国防建设。创新型国家发展的经验表明，构建军民一体的国家创新体系和能力，是推动创新的关键之举。而目前我国经济建设和国防建设之间尚存在一定分割，国防建设因有一定特殊性而相对独立于经济建设。推动军民融合发展，为打破经济建设和国防建设提供契机，依托军民融合平台，经济领域和国防领域的技术创新可以深度合作、广泛融合，构建一体化的国家创新体系，为塑造新发展优势提供核心动力。其三，参与国际竞争，需要借助军民融合。当今世界的竞争，不是某个领域的单一竞争，而是既包括经济竞争，又包括军事竞争，还包括政治、文化、创新力、话语权、影响力等多方面的竞争，是国家综合实力的竞争。因而，不能单一发展某个领域，也不能割裂不同领域之间的融合，而是要推动军民融合发展，全面提升我国综合实力，增强我国在国际上的综合竞争力。

第二，提高国防和军队现代化质量效益。党的十八大以来，习近平总书记鲜明提出新形势下的强军目标，伴随经济迈入高质量发展阶段，国防和军队改革也应同步迈入高质量发展阶段。提高国防和军队现代化质量效益，重点在于落实"四大任务"：加快军事理论现代化，与时俱进创新战争和战略指导，健全新时代军事战略体系，发展先进作战理论；加快军队组织形态现代化，深化国防和军队改革，推进军事管理革命，加快军兵种和武警部队转型建设，壮大战略力量和新域新质作战力量，打造高水平战略威慑和联合作战体系，加强军事力量联合训练、联合保障、联合运用；加快军事人员现代化，贯彻新时代军事教育方针，完善三位一体新型军事人才培养体系，锻造高素质专业化军事人才方阵；加快武器装备现代化，聚力国防科技自主创新、原始创新，加速战略性前沿性颠覆性技术发展，加速武器装备升级换代和智能化武器装备发展。完成这些任务，离不开创新，创新能力是一支军队的核心竞争力，也是生成和提高战斗力的加速器。要把握"五个抓手"①：抓理论创新，"科学的军事理论就是战斗力，一支强大的军队必须有科学理论作指导"；抓科技创新，"必须高度重视战略前沿技术发展，通过自主创新掌握主动，见之于未萌、识之于未发，下好先手棋、打好主动仗"；抓科学管理，"军队能不能打仗、打胜仗，科学管理起着关键作用"；抓人才集聚，"人才是创新的核心要素，加紧集聚大批高端人才是推动我军改革创新的当务之急"；抓实践创新，"实现强军目标需要全军官兵共同奋斗，推进军队改革创新需要全军官兵共同努力"。

第三，促进国防实力和经济实力同步提升。党的十八大以来，以习近平同志为核心的党中央把军民融合发展上升为国家战略，促进国防实力和经济实力同步提升，要以军民融合发展战略为切入点。国防和军队改革要围绕"基本实现社会主义现代化"，着眼"同我国强国地位相称""同国家现代化发展相协调"，贯彻总体国家安全观②，搞好战略层面筹划，深化资源要素共享，强化政策制度协调，构建一体化国家战略体系和能力。要着眼推动重点区域、重点领域、新兴领域协调发展，我国基础设施建设和国防科技工业、武器装备采购、人才培养、军队保障社会化、国防动员等领域军民融合潜力巨大，应适应协调发展战略，集中力量实施国防领域重大工程。要推进竞争与开放步伐，营造公平竞争环境，完善投资、税收、评标等政策，保护各类主体合法权益，推行竞争性采购，引导国有军工企业有序开放，提高民口民营企业参与竞争的比例。要优化国防科技工业布局，加快标准化通用化进程。要完善国防动员体系，健全强边固防机制，强化全民国防教育，巩固军政军民团结。

---

① 参见《习近平：创新能力是一支军队生成和提高战斗力的加速器》，中国共产党新闻网2016 年 3 月 14 日，http：//cpc. people. com. cn/xuexi/n1/2016/0314/c385474-28197967. html。
② 许其亮：《加快国防和军队现代化》，《人民日报》2020 年 11 月 26 日。

第十章

新发展保障强调了党对一切工作的领导

　　党的十九届五中全会明确强调将"坚持党的全面领导"作为"十四五"经济社会发展必须遵循的首要原则，提出"为实现'十四五'规划和二〇三五年远景目标，必须坚持党的全面领导，充分调动一切积极因素，广泛团结一切可以团结的力量，形成推动发展的强大合力"。坚持党的全面领导，必须加强党中央集中统一领导，坚持以人民为中心的发展思想，把"两个维护"落实到统筹推进"五位一体"总体布局和协调推进"四个全面"战略布局各方面，强化从严治党，提高党的建设质量，加强干部队伍建设，着力锻造适应新发展阶段要求的过硬能力，提高党领导贯彻新发展理念、构建新发展格局的能力和水平，为实现高质量发展和全面建设社会主义现代化提供根本保障。

Sec. 1 第一节 加强党中央集中统一领导是核心原则

坚持党的全面领导，核心原则是加强党中央集中统一领导。一个好的乐队、好的合唱团，是需要有一个好指挥的。党的十九届五中全会审议通过的《建议》，明确提出"加强党中央集中统一领导，推进社会主义政治建设，健全规划制定和落实机制"。社会主义中国，党在国家政治经济生活中处于统揽全局的核心领导地位。党的十九大报告指出，"中国特色社会主义最本质的特征是中国共产党领导，中国特色社会主义制度的最大优势是中国共产党领导，党是最高政治领导力量"。加强党中央集中统一领导，从根本上关乎党和国家前途命运、关乎人民根本利益，也是实现"十四五"规划和 2035 年远景目标的根本政治保证。只有加强党中央集中统一领导，才能有效总揽全局、协调各方，形成推动经济社会发展的强大合力。加强和维护党中央集中统一领导是全党共同的政治责任，要贯彻党把方向、谋大局、定政策、促改革的要求，推动全党深入学习贯彻习近平新时代中国特色社会主义思想，增强"四个意识"、坚定"四个自信"、做到"两个维护"，完善上下贯通、执行有力的组织体系，确保党中央决策部署有效落实，更好肩负起新时代的职责和使命。

第一，贯彻党把方向、谋大局、定政策、促改革的要求。当前和今后一个时期，我国发展仍然处于重要战略机遇期，但机遇和挑战都有新的发展变化。世界百年未有之大变局和中华民族伟大复兴的战略全局同步交织、相互激荡，要想在危机中育新机，于变局中开新局，实现

"十四五"规划和 2035 年远景目标，就必须加强党中央在政治上的集中统一领导，发挥以习近平同志为核心的党中央领航定向、把舵前行的引领作用，要不断提高党中央把方向、谋大局、定政策、促改革的能力和定力①，确保我们经济社会发展的正确航向。在"两个大局"的背景下，不断破解发展难题、战胜风险挑战，以科学的决策引领高质量的发展，确保中国特色社会主义的航船行稳致远。在把方向方面，始终高举中国特色社会主义伟大旗帜，坚持走中国特色社会主义道路，不断坚持和发展中国特色社会主义。在谋大局方面，自觉置身大局下想问题、做工作，置身大局中思考、谋划工作，做到正确认识大局、自觉服从大局、坚决维护大局。在定政策方面，要坚定人民立场，坚持实事求是，从人民所需、所盼、所愿的实际出发，具体问题具体分析，不断提高定政策的能力和定力。在促改革方面，既需要坚定不移的韧劲和改革创新、自我革命的精神，又需要敢于担当的魄力和敢闯敢试、敢为人先的胆识，还需要能为善为的过硬本领，不断提高促改革的能力和定力。

第二，深入学习贯彻习近平新时代中国特色社会主义思想。一个民族要站在时代的巅峰，一刻也离不开理论思维；一个政党要担负执政兴国的历史重任，一刻也离不开科学理论指导。以马克思主义为指导，是我们党的根本特征和巨大优势，也是党领导人民进行革命、建设、改革，从胜利走向新的胜利的重要历史经验。新时代条件下推进中国特色社会主义事业，推进我国经济社会发展，必须坚持以习近平新时代中国特色社会主义思想为指导。②习近平新时代中国特色社会主义思想，贯通马克思主义哲学、政治经济学、科学社会主义，贯通历史、现实和未

---

① 参见魏四海：《不断提高党把方向谋大局定政策促改革的能力和定力》，《河北日报》2018 年 12 月 28 日。

② 参见黄宪起：《坚持和完善党领导经济社会发展的体制机制》，《人民论坛·学术前沿》2020 年 11 月 26 日。

来，贯通改革发展稳定、内政外交国防、治党治国治军等各领域，使我们党对共产党执政规律、社会主义建设规律、人类社会发展规律的认识达到了新高度，为发展马克思主义作出了原创性贡献。在当代中国，坚持和发展习近平新时代中国特色社会主义思想，就是真正坚持和发展马克思主义，就是真正坚持和发展科学社会主义。必须高举马克思主义、中国特色社会主义伟大旗帜不动摇，必须坚持习近平新时代中国特色社会主义思想指导地位不动摇。[①] 对共产党人来说，掌握马克思主义理论的深度，决定着政治站位的高度、政治敏感的锐度。只有真正用习近平新时代中国特色社会主义思想武装头脑、指导实践、推动工作，做到"两个维护"才能有真正高度的理性认同、情感认同，才能有真正坚决的维护定力、维护能力，才能真正过得硬、靠得住。

第三，增强"四个意识"、坚定"四个自信"、做到"两个维护"。党中央以及全国党员要旗帜鲜明讲政治，严守政治纪律和政治规矩，牢固树立政治意识、大局意识、核心意识、看齐意识的"四个意识"，始终坚定道路自信、理论自信、文化自信、制度自信的"四个自信"，坚决做到"两个维护"，在政治立场、政治方向、政治原则、政治道路上同以习近平同志为核心的党中央保持高度一致，坚决维护习近平总书记党中央的核心、全党的核心地位，凝聚全党意志、提高政治觉悟、增强政治定力、强化政治担当。做到党中央提倡的坚决响应、党中央决定的坚决执行、党中央禁止的坚决不做，做到在大是大非面前立场特别坚定、旗帜特别鲜明，在大风大浪面前头脑特别清醒、方向特别明确，确保党中央各项决策部署畅通无阻、落地生根。要坚持用时代发展要求审视自己，以强烈忧患意识警醒自己，以改革创新精神加强和完善自己，

---

① 参见张首映：《深刻理解习近平新时代中国特色社会主义思想的科学体系》，《求是》2019年第 14 期。

始终保持同人民群众的血肉联系。严格遵守党章和党内政治生活准则，全面落实党的十九大以来关于加强和维护党中央集中统一领导的各项要求，激发全国各族人民充满信心朝着实现"两个一百年"奋斗目标、建设社会主义现代化强国，实现国家长治久安、实现人民的根本利益和长远福祉、实现中华民族伟大复兴中国梦的宏伟目标奋勇前进。

第四，完善上下贯通、执行有力的组织体系，确保党中央决策部署有效落实。习近平总书记指出，严密的组织体系是马克思主义政党的优势所在、力量所在。执行党中央关于经济社会发展的决策、政策需要一个上下贯通、执行有力的组织体系，必须完善推动党中央重大决策落实机制，完善党委督促检查工作领导体制和工作机制，强化系统思维、坚持一体推进，统筹加强各层级各领域党组织建设，落实主体责任、监督责任，使组织制度落地见效，确保党中央政令畅通。各地各部门要切实采取措施，推动组织建设贯通各层级、覆盖各领域。首先，要抓好中央和国家机关这个"最初一公里"，带头树牢政治机关意识，走好践行"两个维护"的第一方阵，建设讲政治、守纪律、负责任、有效率的模范机关，防止出现"拦路虎"；抓好地方党委这个"中间段"，贯彻执行地方党委工作条例，着力把地方各级党委建设成为坚决听从党中央指挥、管理严格、监督有力、班子团结、风气纯正的坚强组织，防止出现"中梗阻"；抓好基层党组织这个"最后一公里"，坚持大抓基层的鲜明导向，分领域推进党的基层组织建设，着力建强基层坚强战斗堡垒，防止出现"断头路"。其次，要着眼织密建强党的组织体系，优化组织设置，理顺隶属关系，扩大党在新兴领域的号召力和凝聚力，在有形覆盖的基础上推进党的组织和党的工作有效覆盖。再次，要注重优化组织运行机制，完善党组织议事规则，补齐基层党组织领导基层治理短板，推动基层党组织运行更加科学、务实、高效。最后，要着力提高发展党员和党员教育管理工作质量，把各方面先进分子和优秀人才吸收进来、组织起来，推动党员教育管理严起来、实起来，让组织体系的经脉气血畅通起来。[①]

Sec. 2 第二节 坚持以人民为中心的发展思想是本质要求

坚持党的全面领导，本质要求是坚持以人民为中心的发展思想。民心是最大的政治。坚持党的全面领导，必须始终坚持以人民为中心的发展思想，坚持人民主体地位，坚守使命担当。党的十九大强调，必须坚持人民主体地位，坚持立党为公、执政为民，践行全心全意为人民服务的根本宗旨，把党的群众路线贯彻到治国理政的全部活动中去，把人民对美好生活的向往作为奋斗目标，依靠人民创造历史伟业。党的十九届五中全会审议通过的《建议》更是明确将"坚持以人民为中心"作为"十四五"时期经济社会发展必须遵循的一项重要原则，提出"坚持人民主体地位，坚持共同富裕方向，始终做到发展为了人民、发展依靠人民、发展成果由人民共享，维护人民根本利益，激发全体人民积极性、主动性、创造性，促进社会公平，增进民生福祉，不断实现人民对美好生活的向往"。党总揽全局，从本质上说，就是要总揽实现中华民族伟大复兴这个中国人民的根本利益的全局；协调各方，从本质上说，就是要统筹协调好人民的长远利益和眼前利益、整体利益和局部利益之间的关系，统筹协调好人民群众内部各阶层、各方面不同的利益关系，"充分考虑不同地区、不同行业、

---

① 参见仲组轩：《抓好党的组织体系建设 把党的组织优势巩固好、发挥好》，《中国组织人事报》2020 年 11 月 26 日。

不同群体的利益诉求，准确把握各方面利益的交汇点和结合点，使改革的成果更多更公平惠及全体人民"。坚持以人民为中心的发展思想，鲜明回答了"依靠谁发展、为了谁发展"这一发展中的根本问题、原则问题，彰显了党热爱人民、服务人民、坚持人民至上的立场和感情，体现了党的理想信念、性质宗旨、初心使命、根本目的。坚持以人民为中心，是由人民在我们国家的主体地位决定的，是对党的奋斗历程和实践经验的深刻总结，也是党领导经济社会发展体制机制的根本特征和巨大优势。

第一，以人民为中心的发展思想充分彰显了我们党的政治立场。全心全意为人民服务是中国共产党始终坚持的根本宗旨。为中国人民谋幸福、中华民族谋复兴，是中国共产党人的初心和使命，也是改革开放的初心和使命。习近平总书记在党的十九大报告中开宗明义地指出："中国共产党人的初心和使命，就是为中国人民谋幸福，为中华民族谋复兴。这个初心和使命是激励中国共产党人不断前进的根本动力。"要真正做到、始终做到不忘初心、牢记使命，就要始终把人民立场作为根本立场，把为人民谋幸福作为根本使命，把实现好、维护好、发展好最广大人民根本利益作为发展的出发点和落脚点。以人民为中心，是我们党坚持以经济建设为中心的最高价值表现；是我们党坚持为人民执政、靠人民执政，做到发展为了人民、发展依靠人民、发展成果为人民共享的崇高价值追求。党的群众路线强调的"一切为了群众，一切依靠群众，从群众中来，到群众中去"，既是思想方法、工作方法，更是政治立场和价值理念。坚持以人民为中心的发展思想，就是在新时代背景下，不断发扬群众路线的真谛和精髓，不断完善党的群众路线的思想方法和工作方法。同时，以人民为中心，也是我们党和国家在经济社会发展中长期坚持的根本原则，是确保经济社会发展朝着正确方向前进的准绳。以习近平同志为核心的党中央团结带领全党全国各族人民全面建成小康社会、全面建设社会主义现代化国家，都是一以贯之、始终不变地着眼于人民为中心、着力于人民为中心的，都是基于把人民美好生活的向往作为奋斗目标，又始终依靠人民创造历史伟业的。正因为此，我们党才能够始终代表和实现人民的根本利益，从根本上避免西方国家资产阶级政党仅仅代表少数人、少数利益集团的利益，囿于党派利益、阶级利益、区域和集团利益进行决策而导致社会撕裂、决策实施中断的弊端。①

　　第二，以人民为中心必须把促进全体人民共同富裕摆在更加重要的位置。共同富裕是社会主义的本质要求，是人民群众的共同期盼。我们党是全心全意为人民服务的党，坚持立党为公、执政为民，把人民对美好生活的向往作为始终不渝的奋斗目标。毛泽东同志提出"人民群众是历史的创造者"，邓小平同志提出并实践了"以经济建设为中心"等党在社会主义初级阶段的基本路线，目的是满足人民日益增长的物质文化需要。改革开放以来，从"解决温饱"到"小康水平"，从"全面建设小康社会"到"全面建成小康社会"，党着力于提高人民生活水平的努力，近40年来从未动摇。② 党的十八大以来，以习近平同志为核心的党中央将以人民为中心置于治国理政思想的重要地位，把脱贫攻坚作为重中之重，明确强调"我们推动经济社会发展，归根结底是要实现全体人民共同富裕"，并提出"把有利于提高人民的生活水平作为总的出发点和检验标准"的要求。《建议》在到2035年基本实现社会主义现代化远景目标中提出"全体人民共同富裕取得更为明显的实质性进展"，在改善人民生活品质部分突出强调了"扎实推动共同富裕"，提出了提升人民收入水平、强化就业优先政策、建设高质量教育体系、健

---

① 参见黄宪起：《坚持和完善党领导经济社会发展的体制机制》，《人民论坛·学术前沿》2020年11月26日。
② 参见梅红英：《坚持以人民为中心的发展思想》，《中国组织人事报》2018年7月12日。

全多层次社会保障体系等重大举措。这样表述在党的全会文件中还是第一次，既指明了前进方向和奋斗目标，也是实事求是、符合发展规律的，兼顾了需要和可能，有利于在工作中积极稳妥把握，在促进全体人民共同富裕的道路上不断向前迈进。

第三，把以人民为中心的发展思想落实到以新作为推动新发展。①要始终坚持以人民为中心的发展思想，尽心尽责为群众化解难题，将心比心体恤民情，努力以新作为推动新发展。把握住"人民群众最迫切期盼解决的问题"，就是最需要改进的工作领域。民之所望，施政所向。坚持以人民为中心不仅要体现在治国理政理念上，而且要转化为施政的具体举措。这就要求我们在着力解决好发展不平衡不充分问题的基础上推出更多民生工程、实施更多惠民举措，更好地满足人民在经济、政治、文化、社会、生态等方面日益增长的需要。首先，坚持问政于民、问需于民、问计于民。我们党的执政水平和执政成效不是由自己说了算，必须由人民来评判。人民是我们党的工作的最高裁决者和最终评判者。基层干部在工作中应做到"谋划发展思路向人民群众问计，查找发展中的问题听取人民群众的意见，改进发展措施向人民群众请教，落实发展任务依靠人民群众共同努力"，要善于从人民群众的创造性实践中总结发展经验，不断提炼升华，努力形成可复制、可推广的经验。其次，鼓励创新、包容审慎、尊重人民的创造精神。中国特色社会主义发展进入新时代，新发展理念注重协同性和联动性，统筹解决发展的动力问题、平衡问题，注重积极回应人民群众诉求、满足人民群众需求，以尊重人民主体地位和创造精神推动经济社会发展，努力开拓更高质量、更有效率、更加公平、更可持续发展的现代化之路，让中国特色社会主义道路越走越宽广。如中国互联网行业的快速发展已经成为中国在

---

① 参见邢善萍：《始终坚持以人民为中心的发展思想》，《光明日报》2020 年 11 月 23 日。

世界经济舞台上最为引人注目的成就之一，中国互联网经济增长速度全球第一，仍然具有较大增长潜力。中国互联网行业的快速发展就是顶层设计与人民群众创造相结合的典范。由此可见，把顶层设计与人民群众创新精神有机结合起来，才能使改革举措真正调动和激发人民群众的创造性。

Sec. 3 第三节　提高党的建设质量是根本保证

坚持党的全面领导，根本保证是提高党的建设质量。高质量发展不仅仅指经济领域，还包括党和国家事业发展的其他各个领域。长期以来，我们党把坚持党的领导作为抓好党的事业的根本前提，把加强党的建设作为推动事业的根本保证。党的十九届五中全会审议通过的《建议》更是着眼于推动高质量发展，提出要"落实全面从严治党主体责任、监督责任，提高党的建设质量"，对党的建设提出更高标准的新要求，为深入推进全面从严治党、加强和改进新发展阶段的党建工作，明确了目标任务，指明了前进方向。提高党的建设质量，本质上是要求把握和遵循党建工作规律，提高党建工作科学水平，必须强化质量意识、问题意识、责任意识，要把确保质量作为党建工作决策的起点，依据高质量发展的要求，大力推进党的建设改革创新，着力解决工作理念、方式、举措不适应新发展阶段、新发展理念、新发展格局要求和就党建抓党建的"两张皮"问题，落实全面从严治党的主体责任、监督责任，建立健全确保党的建设质量的责任落实机制。因此，围绕推动高质量发展，把准提高党的建设质量的着力点，关键在于坚持以党的政治建设为

统领，全面推进党的政治建设、思想建设、组织建设、作风建设、纪律建设，把制度建设贯穿其中，深入推进反腐败斗争，把提高党的建设质量要求全面落实到党的各项建设和各项工作中，以党的初心使命激发全党团结奋斗的不竭动力，以正确用人导向激励各级领导干部和广大干部群众干事创业，以求真务实、真抓实干的优良作风和清正廉洁的政治本色凝聚最广大人民群众的强大力量①，为"十四五"时期高质量发展提供重要保证。

第一，围绕坚持党的全面领导、加强党中央集中统一领导强化党的政治建设质量。党的政治建设决定党的建设方向和效果，不抓党的政治建设或背离党的政治建设指引的方向，党的其他建设就难以取得预期成效。只有高质量抓好党的政治建设，才能增强党的政治功能和组织功能，确保党的全面领导和党中央集中统一领导贯彻落实到经济社会发展各个领域、各个环节，充分发挥党推动经济社会发展的强大政治优势和组织优势。② 各级党组织要把党的政治建设摆在首要位置，推动广大党员、干部在增强"四个意识"、坚定"四个自信"、做到"两个维护"上重行重效，在贯彻落实党中央决策部署上到底到位，防止和克服"表态积极、行动消极""上有政策、下有对策"等假作为。就是要提高各级党委（党组织）的政治功能、组织功能，把各领域基层党组织建设成为实现党的全面领导、加强党中央集中统一领导的坚强战斗堡垒，充分发挥广大党员在贯彻落实党的路线方针政策和党中央决策部署上的先锋模范作用，及时贯彻落实党中央决策部署中的"拦路虎""中梗阻""断头路"问题，切实使党的组织体系上下贯通、执行有力、更

---

① 参见江金权：《只有党的建设做到高质量，才能引领和推动高质量发展》，中国共产党新闻网 2020 年 10 月 30 日，http://cpc.people.com.cn/n1/2020/1030/c164113-31912895.html。

② 参见本书编写组：《〈中共中央关于制定国民经济和社会发展第十四个五年规划和二〇三五年远景目标的建议〉辅导读本》，人民出版社 2020 年版，第 459 页。

加严密。①

第二，坚持以习近平新时代中国特色社会主义思想为理论指导提高党的思想建设质量。科学的理论指导是中国共产党领导人民取得"站起来"与"富起来"伟大成就的重要原因。习近平新时代中国特色社会主义思想体现了我们党对共产党执政规律、社会主义建设规律、人类社会发展规律的最新认识，是当代中国马克思主义、21世纪马克思主义，是党和国家各项事业、各项工作必须长期坚持的指导思想。提高党的思想建设质量，就是坚持用习近平新时代中国特色社会主义思想武装头脑、指导实践、推动工作，全面贯彻党的基本理论、基本路线、基本方略，推动广大党员、干部在学懂弄通、用好做事上下功夫，把握理论体系，悟透精髓要义，掌握基本立场观点方法，防止和克服只熟悉概念而不懂实质、只知其然而不知其所以然；将党的创新理论转化为坚定的理想信念、正确的政治立场、科学的思维方式、有效的政策举措、显著的工作成效，防止和克服只武装嘴巴不武装头脑、只见诸文章不见诸行动。② 2021年是中国共产党成立100周年，要结合学习贯彻习近平新时代中国特色社会主义思想，深入总结和运用我们党百年来的宝贵经验，教育引导广大党员、干部坚定理想信念，不忘初心、牢记使命，迎难而上、锐意进取，朝着实现第二个百年奋斗目标、实现中华民族伟大复兴的宏伟目标奋勇前进。③

第三，围绕建强领导班子、提高干部人才工作水平提高党的组织建设质量。习近平总书记指出，"干部工作也好，人才工作也好，本质上

---

① 参见本书编写组：《党的十九届五中全会〈建议〉学习辅导百问》，学习出版社、党建读物出版社2020年版，第224页。

② 参见本书编写组：《〈中共中央关于制定国民经济和社会发展第十四个五年规划和二〇三五年远景目标的建议〉辅导读本》，人民出版社2020年版，第461页。

③ 参见本书编写组：《党的十九届五中全会〈建议〉学习辅导百问》，学习出版社、党建读物出版社2020年版，第225页。

都是用人问题"①。我们党历来高度重视选贤任能，始终把选人用人作为关系党和人民事业的关键性、根本性问题来抓。应变局、育新机、开新局、谋复兴，关键是要把党的各级领导班子和干部队伍建设好、建设强。各级党组织要全面贯彻新时代党的组织路线，加强干部队伍建设，坚持德才兼备、以德为先、任人唯贤的基本方针，落实好干部标准，严把政治关、廉洁关、素质能力关，切实提高选人用人质量；把提高治理能力作为新时代干部队伍建设的重大任务，围绕事业发展需要配班子用干部，及时把那些愿干事、真干事、干成事的干部发现出来、任用起来。要加强干部教育培训，尤其是要加强广大干部的思想淬炼、政治历练、实践锻炼、专业训练跟上时代发展步伐，更好地适应高质量发展要求，全面提高各级领导班子和广大干部抓改革、促发展、保稳定水平和专业化能力，推动广大干部严格按照制度履行职责、行使权力、开展工作。要深化干部制度改革，完善管思想、管工作、管作风、管纪律的从严管理机制，推动形成能者上、优者奖、庸者下、劣者汰的正确导向。加强对敢担当善作为干部的激励保护，坚持严管和厚爱相结合、管严与管活相统一，落实"三个区分开来"② 要求，加强对敢担当善作为干部的保护，真正为勇于负责的干部负责、为勇于担当的干部担当、为敢闯敢干的干部壮胆、为敢抓敢管的干部撑腰，充分调动广大干部干事创业的积极性主动性创造性。完善人才工作体系，培养造就大批德才兼备的高素质人才，要深化人才发展体制机制改革，破除人才引进、培养、使用、评价、流动、激励等方面的体制机制障碍，实行更加积极、更加开

---

① 习近平：《贯彻落实新时代党的组织路线 不断把党建设得更加坚强有力》，《求是》2020年第15期。

② 所谓"三个区分开来"，就是把干部在推进改革中因缺乏经验、先行先试出现的失误和错误，同明知故犯的违纪违法行为区分开来；把上级尚无明确限制的探索性试验中的失误和错误，同上级明令禁止后依然我行我素的违纪违法行为区分开来；把为推动发展的无意过失，同为谋取私利的违纪违法行为区分开来。

放、更加有效的人才政策，形成具有吸引力和国际竞争力的人才制度体系，努力聚天下英才而用之①。

第四，围绕探索正风肃纪反腐的治本之策提高党的作风建设、纪律建设和反腐工作质量。党的作风、纪律是党的形象，也是反映党和人民群众关系的晴雨表。只有党员干部作风优良、遵纪守法、清正廉洁，我们党才能得到人民群众信任和支持，也才能凝聚起推动事业发展的强大力量。重视和加强作风建设、纪律建设以及反腐工作是我们党加强自身建设的重要抓手，也是党执政兴国的重要法宝。党的十八大以来，以习近平同志为核心的党中央对全面从严治党作出新部署、提出新要求，从开展群众路线教育实践活动、严厉整治"四风"开局起步，不断加强党的作风建设、纪律建设、反腐败斗争。《建议》更是明确提出"把严的主基调长期坚持下去"，"锲而不舍落实中央八项规定精神"，这充分反映了党中央坚定不移全面从严治党、持之以恒正风肃纪的鲜明态度和坚定决心，为党风廉政建设和反腐败斗争提供了明确指引和根本遵循。提高党的作风建设质量，必须不断巩固和拓展整治"四风"和"不忘初心、牢记使命"主题教育成果，锲而不舍落实中央八项规定精神，尤其要加大防范和纠治形式主义、官僚主义顽症的力度，推动形成求真务实、真抓实干的浓厚氛围，不断增强党的自我净化、自我完善、自我革新、自我提高的能力。要扎实推进纪检监察工作高质量发展，着力完善党和国家监督体系，加强政治监督，以党内监督为主导，整合各类监督力量，强化对公权力运行的制约和监督，实行思想教育、管理监督、严厉惩处协同发力；坚持无禁区、全覆盖、零容忍，一体推进不敢腐、不能腐、不想腐，切实营造风清气正的良好政治生态。

---

① 《习近平在中央政治局第二十一次集体学习时强调　贯彻落实好新时代党的组织路线　不断把党建设得更加坚强有力》，新华网 2020 年 6 月 30 日，http：//www.xinhuanet.com/politics/leaders/2020-06/30/c_ 1126177453.htm。

Sec. 4 第四节　加强干部队伍建设是重要手段

　　坚持党的全面领导，重要手段是加强干部队伍建设。党员干部是党和国家事业的中坚力量，其治理能力关系国家长治久安和人民生活幸福。全面建设社会主义现代化，必须有一支政治过硬、本领高强的干部队伍。党的十九届四中全会审议通过的《决定》提出："把提高治理能力作为新时代干部队伍建设的重大任务。"党的十九届五中全会审议通过的《建议》更是强调，加强干部队伍建设需要全面贯彻新时代党的组织路线，落实好干部标准，提高各级领导班子和干部适应新时代新要求抓改革、促发展、保稳定水平和专业化能力。面对复杂形势和艰巨任务，我们要在危机中育先机、于变局中开新局，加强新时代干部队伍建设，进一步强化党员干部的政治素养、学习思维、实践锻炼、规矩意识，不断提升其治理能力。习近平总书记在 2020 年秋季学期中央党校（国家行政学院）中青年干部培训班开班式上发表重要讲话强调，干部特别是年轻干部要提高政治能力、调查研究能力、科学决策能力、改革攻坚能力、应急处突能力、群众工作能力、抓落实能力，勇于直面问题，想干事、能干事、干成事，不断解决问题、破解难题①。这是着眼于新形势新任务对干部特别是年轻干部提出的明确要求，具有重大的现实意义和深远的历史意义。

---

　　① 《习近平在中央党校（国家行政学院）中青年干部培训班开班式上发表重要讲话强调　年轻干部要提高解决实际问题能力　想干事能干事干成事》，《人民日报》2020 年 10 月 10 日。

第一，提高政治能力，担负政治责任。① 在干部干好工作所需的各种能力中，政治能力是第一位的。有了过硬的政治能力，才能做到自觉在思想上政治上行动上同以习近平同志为核心的党中央保持高度一致，保持政治定力和战略定力，切实担负起党和人民赋予的政治责任。要把握正确的政治方向，在坚持党的领导和中国特色社会主义制度这个决定党和国家前途命运的重大原则问题上，始终保持高度的思想自觉、政治自觉、行动自觉，丝毫不能动摇。要练就政治慧眼，不断提高政治敏锐性和政治鉴别力。保持清醒的政治头脑和正确的政治方向，及时发现一些潜在性、隐蔽性、苗头性问题，切实把问题和矛盾解决在萌芽状态，有效防范和化解政治风险，确保改革开放和经济建设健康发展、国家长治久安和人民幸福安康。自觉加强政治历练，要始终把讲政治摆在首位，谋事多想政治标准、办事多想政治要求、处事多想政治影响；增强政治自制力，保持对党的政治纪律和政治规矩怀有敬畏之心，始终做政治上的"明白人""老实人"，在实践磨炼中强化政治担当，敢于担当、履职尽责。

第二，练实基本功，不断提升调查研究能力。② 调查研究是我们党的传家宝，是做好各项工作的基本功。新时代，年轻干部要切实用习近平新时代中国特色社会主义思想来指导调查研究工作，准确把握调查研究的基础性、连续性、过程性特点规律，必须坚持高标准要求、突出全程抓落实，从根本上认识事物的本质属性，切实把调查研究的每个环节每个过程抓实抓到位，提高工作的科学性。要坚持以人民为中心的发展思想，秉持解放思想、实事求是的原则，运用科学分析方法，盯着问题走，走一路思考一路，拿出建设性的意见和建议，使调查研究的成果帮

---

① 参见董振华：《提高政治能力 担负政治责任》，《红旗文稿》2020 年第 20 期。

② 参见韩宪洲：《练实基本功，不断提升调查研究能力》，《红旗文稿》2020 年第 20 期。

助决策，切实在解决问题中发挥作用。不断改进工作作风，在"艰苦深入"上用气力、下功夫，坚持真理的胆量和勇气，到群众中去、到实践中去，深入调查研究，自觉把倾听群众意见、反映群众要求、帮助解决疑难作为出发点和落脚点，进行科学分析，把比较成熟的调研成果上升为决策部署，转化为具体措施。

第三，树立科学决策意识，提升党的决策素质与能力。① 科学决策是科学执政、合理行政的基础，是执政兴国的重要方式和方法，也是新时代对领导干部特别是年轻领导干部提出的基本要求。一是树立战略思维和大局意识是重要前提。习近平总书记强调，要做到科学决策，首先要有战略眼光，看得远、想得深，要求全党要提高战略思维能力，不断增强工作的原则性、系统性、预见性、创造性。二是坚持求真务实作风和调查研究方法是重要基础。领导干部坚持求真务实的作风，不仅要将调查研究作为决策过程中常态化、制度化的必经方法和程序，而且要做到深度调研、综合调研、全面调研，为科学决策提供充分、扎实、有力的支撑。三是提高民主决策水平是核心内容。党的执政宗旨、我国社会主义国家的性质等，决定了民主决策是科学决策的核心环节，是科学决策的出发点和落脚点。只有切实做到民主决策，才能保证我们的决策目标是"让全体中国人都过上更好的日子"，才能保证我们的决策获得人民的广泛参与和支持。四是提升依法决策能力是关键。"法治是治国理政的基本方式"，是科学决策的重要保障。领导干部必须树立法治意识，依照法治化、科学化的决策程序和决策制度，加强对决策活动的法治化监督，才能够增强公众参与实效，提高专家论证质量，保证党的决策的科学性、合规性。

---

① 参见周叶中：《领导干部科学决策能力的提升路径》，《红旗文稿》2020 年第 20 期。

第四，提高改革攻坚能力，做改革实干家。[1] 当前我国改革进入攻坚期和深水区，要全面推进党和国家各项工作，尤其是贯彻新发展理念、推动高质量发展、构建新发展格局，继续走在时代前列，仍然要以全面深化改革添动力、求突破。年轻干部要努力提高改革攻坚的能力，发扬改革精神，遵循改革规律，掌握改革方法，以一往无前的决心和舍我其谁的担当，成为有决心有担当的改革实干家。一是改革攻坚要有正确方法，坚持创新思维，跟着问题走、奔着问题去，准确识变、科学应变、主动求变，在把握规律的基础上实现变革创新。二是要保持刚健勇毅的改革勇气和决心，发扬越是艰险越向前的斗争精神，把干事热情和科学精神结合起来，使出台的各项改革举措符合客观规律、符合工作需要、符合群众利益。三是坚持实事求是的思想路线，做推动改革的实事求是派。把准事物的本质和规律，坚持实事求是、理论联系实际，根据实际情况和现实需要，着眼于人民群众的切身利益，具体问题具体分析，因地制宜全面深化和推进改革。四是坚持群众观点和群众路线，尊重群众首创精神，把加强顶层设计和坚持问计于民统一起来，从生动鲜活的基层实践中汲取智慧。五是坚持系统思维和顶层设计，注重增强改革的系统性、整体性、协同性，使各项改革举措相互配合、相互促进、相得益彰，在整体推进中重点突破，形成推进改革开放的强大合力。

第五，培养提升应急处突能力，有效应对重大突发事件。[2] 预判风险是防范风险的前提，把握风险走向是谋求战略主动的关键。提高应急处突能力不仅是对年轻干部的急迫要求，而且是对所有新时代肩负在危机中育先机、于变局中开新局的干部的统一要求。作为应急处突的关键

---

① 参见赵亮：《提高改革攻坚能力，做改革实干家》，《红旗文稿》2020 年第 20 期。
② 参见杨斌：《培养提升应急处突能力》，《红旗文稿》2020 年第 20 期。

力量，事前的主动预判、事中的掌控化解、事后的复盘完善是一个统一的不可分割的整体。一是提高主动预判能力。要增强风险意识，下好先手棋、打好主动仗，做好随时应对各种风险挑战的准备。这就需要干部提高政治判断、源头治理、动态管理、应急处置相结合的综合管理能力，靠预见性、洞察力和工作经验来规避自然灾害、事故灾难、公共卫生事件和社会安全事件的风险，变被动为主动，确保应急处突工作扎实高效落实。二是提高掌控化解能力。要努力成为所在工作领域的行家里手，通过日常小矛盾局部冲突化解的锻炼，不断提高自身应急处突的见识和胆识，对可能发生的各种风险挑战，都能做到心中有数、周密预案，分类施策、精准拆弹，依靠群众、求益专家、群策群力、大胆决断，敢冒风险，才能有效掌控局势、化解危机。三是提高复盘完善能力。要建立健全重大灾害评估机制和突发事故调查机制，将调查重点推进到关注风险、政策、制度、标准、技术、能力建设等方面，从教训中深度学习深刻反思，把事后学习的经验教训反馈到事前的风险防范中去，及时优化应急预案并进行针对性演练。

第六，提升做好新时代群众工作的能力。群众路线是党的生命线和根本工作路线，群众工作能力是党的干部必须具备的最基础、最核心的能力。习近平总书记强调，要坚持从群众中来、到群众中去，真正成为群众的贴心人，聚焦关键环节发力，进一步提升群众工作能力。① 一是紧跟时代步伐，把群众变化把握得更准。要把握群众利益诉求的变化，准确判断群众需求，统筹协调解决好不同群体的共性需求和个性需求、基本需求和非基本需求、当前需求和长远需求，赢得群众的信任和满意。二是保持血肉联系，把群众感情培育得更深。要心中有群众，时刻把群众安危冷暖放在心上，认真落实党中央各项惠民政策，把小事当作

---

① 参见曾德亚：《提升做好新时代群众工作的能力》，《红旗文稿》2020 年第 20 期。

大事来办，切实解决群众"急难愁盼"的问题。要落实党中央关于逐步实现全体人民共同富裕的要求，带领群众艰苦奋斗、勤劳致富，在收入、就业、教育、社保、医保、医药卫生、住房等方面不断取得实实在在的成果。三是善于宣传发动，把群众力量凝聚得更强。要注意宣传群众、教育群众，用群众喜闻乐见、易于接受的方法开展工作，提高群众思想觉悟，让他们心热起来、行动起来。四是要自觉运用法治思维和法治方式深化改革、推动发展、化解矛盾，维护社会公平正义。

第七，提高抓落实能力，做到想干事能干事干成事。领导干部尤其是年轻干部，提高抓党建工作落实能力，必须认真贯彻落实新时代党的组织路线，把抓落实的出发点和落脚点放到为党尽责、为民造福上，对上有利于国家、下有利于人民的事情，要一任接着一任干，一张蓝图绘到底。[1] 一是处理好党建与发展的关系。抓党建是最大政绩，抓发展是第一要务。要把党员群众组织起来凝聚起来，把组织优势转化为发展优势，用发展成效检验党建工作成果。必须拿出"钉钉子"精神，抓铁有痕、踏石留印，紧盯党的重大政治任务，扎扎实实抓好党建工作落实，确保经得起历史和人民的检验。二是处理好务实与创新的关系。务实是创新的根基，既是能力更是作风，是贯彻落实实事求是思想路线的根本要求；创新是务实的成果，实践永无止境，创新也永无止境。必须大力弘扬我将无我、不负人民的担当精神，过了一山再登一峰，跨过一沟再越一壑，不断开创党的建设和组织工作新局面。三是处理好讲道理与干实事的关系。讲道理与干实事[2]是落实党的群众路线的必然要求，二者相辅相成、互促共进。多干实事是讲好道理的前提，只有干实事才能讲出真道理。抓好党建工作落实既要干得好又要讲得好，把党建工作

---

[1]　参见辛峰：《提高抓落实能力应当处理好六个关系》，《红旗文稿》2020 年第 20 期。

[2]　讲道理是组织群众、宣传群众、教育群众、凝聚群众的过程。干实事是想群众之所想、急群众之所急、办群众之所需。

真正抓到根抓到底抓到群众。干事业不能做样子，必须脚踏实地，抓工作落实要以上率下、真抓实干。同时，要通过加强党建工作的宣传，不断强化正确的社会舆论导向，激发基层党员干部干事创业的生机和活力。

后　记

党的十九届五中全会是在"两个一百年"历史交汇期召开的一次具有全局性、历史性的重要会议，是在决胜全面建成小康社会，乘势开启全面建设社会主义现代化新征程的关键时间节点召开的一次重要会议。习近平总书记在全会上发表了重要讲话，系统回顾了一年来党和国家工作，深刻阐明了"十四五"规划建议的主要考虑、突出特点和重要内容，回答了一系列重大问题，创造性地提出了许多新思想、新观点、新论断、新要求，会上还审议通过了《中共中央关于制定国民经济和社会发展第十四个五年规划和二〇三五年远景目标的建议》，建议稿内容丰富、体系完整，为全面建设社会主义现代化国家指明了方向、提供了根本遵循。

为了帮助广大读者朋友，特别是理论研究者和实际工作者系统理解和深刻把握党的十九届五中全会重要精神，应国家行政管理出版社邀约，中共中央党校（国家行政学院）马克思主义学院院长张占斌教授组织相关人员编写本书。参与本书撰写的作者有中共中央党校（国家行政学院）的胡庆平、杜庆昊、汪彬、蔡之兵、徐晓明、程荃，中国社会科学院财经战略研究院的王学凯，国务院发展研究中心的孙飞、国务院机关事务管理局的孙志远、中共天津市委党校（天津行政学院）

的郭贝贝，微界（北京）咨询有限公司的黄晔南。汪彬协助主编协调做好统稿工作。国家行政管理出版社的同志们为本书的顺利出版做了很多努力，在此一并表示感谢！

"十四五"时期是我国全面建成小康社会、实现第一个百年奋斗目标之后，乘势开启全面建设社会主义现代化国家新征程、向第二个百年目标进军的重要战略机遇期。作为理论工作者，写作本书也是期望与有志者一起关注、探讨、展望中国"十四五"时期以及 2035 年基本实现社会主义现代化的重大任务以及重大举措。本书在写作过程中参考了诸多政策文件、文献资料以及专家学者的观点，但由于水平有限，仍有不成熟之见和不足之处，敬请读者朋友批评指正！

作　者

2020 年 12 月 5 日